MÓJ OJCIEC DA WAM W IMIENIU MOIM

Dr. Jaerock Lee

„Zaprawdę, zaprawdę, powiadam wam: O cokolwiek byście prosili Ojca, da wam w imię moje. Do tej pory o nic nie prosiliście w imię moje: Proście, a otrzymacie, aby radość wasza była pełna" (Jan 16,23-24)

MÓJ OJCIEC DA WAM W IMIENIU MOIM
av Dr. Jaerock Lee

Opublikowano przez Urim Books (Przedstawiciel: Johnny H. Kim)
73, Yeouidaebang-ro 22-gil, Dongjak-gu, Seoul, Korea
www.urimbooks.com

Wszelkie prawa zastrzeżone. Żadna część niniejszej publikacji nie może być reprodukowana, przechowywana jako źródło danych i przekazywana w jakiejkolwiek formie elektronicznej, mechanicznej, kopii, zapisu lub innej, bez uzyskania pisemnej zgody wydawcy.

Chyba że zaznaczono inaczej, cytatu z Pisma Świętego pochodzą z Biblii Tysiąclecia.

Copyright © 2009 av Dr. Jaerock Lee
ISBN: 979-11-263-0660-2 03230

Translation Copyright © 2009 by Dr. Esther K. Chung. Used by permission.

Wcześniej opublikowane w języku koreańskim przez wydawnictwo Urim Books w 1990

Wydanie pierwsze: Luty 2021

Edycja: Dr Geumsun Vin
Projekt: Editorial Bureau of Urim Books
Druk: Yewon Printing Company
Aby uzyskać więcej informacji, należy skontaktować się z nami przez:
urimbook@hotmail.com

Wiadomość dotycząca publikacji

"Zaprawdę, zaprawdę, powiadam wam: O cokolwiek byście prosili Ojca, da wam w imię moje" (Jan 16,23).

Chrześcijaństwo jest wiarą, dzięki której ludzie mają możliwość spotkać żywego Boga i doświadczyć Jego działania przez Jezusa Chrystusa.

Ponieważ Bóg jest wszechmocny, Bóg, który stworzył niebo i ziemię oraz kieruje historią wszechświata, jak również życiem, śmiercią, przekleństwem i błogosławieństwem człowieka, odpowiada na modlitwy i pragnienia swoich dzieci, by prowadziły błogosławione i właściwe życie dzieci Bożych.

Każdy, kto jest prawdziwym dzieckiem Bożym ma władzę, która wynika z prawa bycia dzieckiem Bożym. Dzięki tej władzy, powinien żyć tak, jakby wszystko było możliwe, być świadomym, że nie zabraknie mu niczego oraz cieszyć się błogosławieństwami bez zazdrości w sercu. Prowadząc życie przepełnione dostatkiem, siłą i sukcesami, musi oddawać chwałę Bogu swoim życiem.

Aby cieszyć się błogosławionym życiem, człowiek musi zrozumieć prawo duchowej rzeczywistości dotyczące Bożych odpowiedzi na modlitwy, a otrzyma wszystko, o co prosi Boga w imieniu Jezusa Chrystusa.

Niniejsza praca jest zbiorem poselstw, które zostały wygłoszone w przeszłości ludziom wierzącym, szczególnie tym, którzy bez wątpienia wierzą we wszechmocnego Boga i pragną prowadzić życie, w którym Bóg odpowiada na ich modlitwy.

Niech ta książka „Mój Ojciec da wam w Moim imieniu" służy jako przewodnik, który poprowadzi czytelnika, by uświadomił sobie prawo duchowej rzeczywistości dotyczące tego, w jaki sposób Bóg odpowiada na nasze modlitwy i umożliwi mu otrzymanie tego, o co prosi w imieniu Jezusa Chrystusa.

Dziękuję Bogu i oddaję Mu chwałę za to, że umożliwił wydanie tej książki, która zawiera wartościowe słowa. Dziękuję również wszystkim, którzy ciężko pracowali, by nasz wysiłek okazał się sukcesem.

Jaerock Lee

Spis treści

MÓJ OJCIEC DA WAM W IMIENIU MOIM

Wiadomość dotycząca publikacji

Rozdział 1
W jaki sposób otrzymać Bożą odpowiedź? 1

Rozdział 2
Nadal musimy Go prosić 13

Rozdział 3
Prawo duchowe dotyczące Bożych odpowiedzi 23

Rozdział 4
Zburz ścianę grzechu   37

Rozdział 5
Zbierzesz to, co siejesz   49

Rozdział 6
Eliasz otrzymuje Bożą odpowiedź w postaci ognia   61

Rozdział 7
Spełnienie pragnień naszego serca   71

Rozdział 1

W jaki sposób otrzymać Bożą odpowiedź?

Dzieci, nie miłujmy słowem i językiem, ale czynem i prawdą! Po tym poznamy, że jesteśmy z prawdy, i uspokoimy przed Nim nasze serce. A jeśli nasze serce oskarża nas, to Bóg jest większy od naszego serca i zna wszystko. Umiłowani, jeśli serce nas nie oskarża, mamy ufność wobec Boga, i o co prosić będziemy, otrzymamy od Niego, ponieważ zachowujemy Jego przykazania i czynimy to, co się Jemu podoba

(1 Jana 3,18-22).

Jednym ze źródeł wielkiej radości dla dzieci Bożych jest to, że wszechmocny Bóg żyje, odpowiada na modlitwy i we wszystkim współdziała z nimi ku dobremu. Ludzie, którzy w to wierzą, modlą się gorliwie, by otrzymać wszystko, o co proszą Boga i oddają Mu chwałę z całego serca.

W 1 Jana 5,14 czytamy: *„Ufność, którą w Nim pokładamy, polega na przekonaniu, że wysłuchuje On wszystkich naszych próśb zgodnych z Jego wolą".* Werset ten przypomina nam, że kiedy prosimy zgodnie z wolą Bożą, mamy prawo otrzymać od Niego wszystko. Bez względu na to, jak zły może być rodzic, kiedy syn prosi o chleb, rodzic nie da mu kamienia, a kiedy prosi o rybę, nie da mu węża. Co mogłoby w takim razie przeszkodzić Bogu w dawaniu swoim dzieciom dobrych darów, kiedy o nie proszą?

Kiedy kobieta kananejska, w której czytamy w Mat. 15,21-28 przyszła do Jezusa, nie tylko otrzymała odpowiedź na swoją modlitwę, ale również pragnienia jej serca zostały spełnione. Mimo, że jej córka była opętana przez demona, kobieta poprosiła Jezusa, by uzdrowił jej córkę, ponieważ wierzyła, że wszystko jest możliwe dla tego, kto wierzy. Jak myślicie, co Jezus uczynił dla kobiety, która prosiła o uzdrowienie swojej córki? Dowiadujemy się w Jan 16,23: *„W owym zaś dniu o nic Mnie nie będziecie pytać. Zaprawdę, zaprawdę, powiadam wam: O cokolwiek byście prosili Ojca, da wam w imię moje".* Jezus widząc wiarę kobiety, natychmiast wysłuchał jej prośby. *„Wtedy Jezus jej odpowiedział: O niewiasto wielka jest twoja wiara; niech ci* *się stanie, jak chcesz! Od tej chwili jej córka była zdrowa"* (Mat. 15,28).

Jakże cudowna i słodka była Boża odpowiedź! Jeśli wierzymy w żyjącego Boga, jako Jego dzieci musimy oddawać Mu cześć dzięki temu, że otrzymujemy wszystko, o co prosimy. Fragment, na którym opiera się ten rozdział, pozwala nam dowiedzieć się więcej o tym, w jaki sposób Bóg odpowiada na nasze modlitwy.

1. Musimy wierzyć w Boga, który obiecuje, że odpowie na nasze modlitwy

W Biblii Bóg obiecuje nam, że z pewnością odpowie na nasze modlitwy i prośby. Dlatego, jeśli nie wątpimy w Jego obietnicy i gorliwie prosimy, otrzymamy wszystko, o co prosimy Boga.

W Ks. Liczb 23,19 czytamy: *"Bóg nie jest jak człowiek, by kłamał, nie jak syn ludzki, by się wycofywał. Czyż On powie coś, a nie uczyni tego, lub nie wykona tego, co oznajmił?"*. W Mat. 7,7-8 Bóg obiecuje nam: *"Proście, a będzie wam dane; szukajcie, a znajdziecie; kołaczcie, a otworzą wam. Albowiem każdy, kto prosi, otrzymuje; kto szuka, znajduje; a kołaczącemu otworzą"*.

W Biblii znajdujemy wiele punktów odniesienia do Bożych obietnic, że On odpowie na nasze modlitwy, jeśli będziemy prosić Go zgodnie z Jego wolą. Poniżej mamy kilka przykładów:

"Dlatego powiadam wam: Wszystko, o co w modlitwie

prosicie, stanie się wam, tylko wierzcie, że otrzymacie" (Mar. 11,24).

"Jeżeli we Mnie trwać będziecie, a słowa moje w was, poproście, o cokolwiek chcecie, a to wam się spełni" (Jan 15,7).

"A o cokolwiek prosić będziecie w imię moje, to uczynię, aby Ojciec był otoczony chwałą w Synu" (Jan 14,13).

"Będziecie Mnie wzywać, zanosząc do mnie swe modlitwy, a ja was wysłucham. Będziecie Mnie szukać i znajdziecie Mnie, albowiem będziecie Mnie szukać z całego serca" (Jer. 29,12-13).

"Wzywaj Mnie w dniu utrapienia: Ja cię uwolnię, a ty Mnie uwielbisz" (Psalm 50,15).

Boże obietnice możemy znaleźć w Starym i w Nowym Testamencie. Nawet jeśli byłby tylko jeden tekst Bożej obietnicy, trzymalibyśmy się go i modlili się, by otrzymać odpowiedź. Jednakże, ponieważ obietnice Boże możemy znaleźć w wielu miejscach, musimy uwierzyć, że Bóg żyje i działa tak samo wczoraj, dziś i na wieki (Hebr. 13,8).

Co więcej, Biblia mówi nam o wielu błogosławionych mężczyznach i kobietach, którzy uwierzyli Słowu Bożemu, prosili i otrzymali odpowiedzi. Powinniśmy mieć wiarę i serce tych ludzi i prowadzić życie tak, by otrzymać Jego odpowiedzi.

Kiedy Jezus powiedział paralitykowi w Mar. 2,1-12: *„Odpuszczone są twoje grzechy. Wstać, weź łoże swoje i chodź"*, paralityk wstał, wziął swoje łoże i chodzi na oczach wielu ludzi, którzy byli świadkami tego cudu i uwielbiali Boga.

Setnik w Mat. 8,5-13 przyszedł do Jezusa z prośbą o uzdrowienie jego sługi, który leżał sparaliżowany w domu i powiedział: *„Powiedz tylko słowo, a uzdrowiony będzie sługa mój"*. Wiemy, że kiedy Jezus powiedział setnikowi: *„Idź, niech ci się stanie, jak uwierzyłeś"*, sługa setnika został uzdrowiony w tej godzinie.

Trędowaty w Mar. 1,40-42 przyszedł do Jezusa i błagał Go na kolanach: „Jeśli chcesz, możesz mnie oczyścić". Jezus wypełniony współczuciem, wyciągnął rękę i dotknął chorego: „Chcę, bądź oczyszczony". Dowiadujemy się, że człowiek ten został oczyszczony z trądu.

Bóg pozwala wszystkim ludziom otrzymać to, o co proszą w imieniu Jezusa Chrystusa. Bóg pragnie, by wszyscy uwierzyli Jego obietnicom, że odpowie na nasze modlitwy, modlili się bez powątpiewania i poddania, oraz stali się Jego błogosławionymi dziećmi.

2. Rodzaje modlitwy, na jakie Bóg nie odpowiada

Kiedy ludzie wierzą i modlą się zgodnie z wolą Bożą, żyją zgodnie z Jego słowem i obumierają tak, jak ziarno pszenicy, Bóg zauważy nasze serce i poświęcenie i odpowie na nasze modlitwy. Jednak, są ludzie, którzy nie mogą otrzymać odpowiedzi od Boga pomimo swoich modlitw. Dlaczego? W Biblii czytamy o wielu ludziach, którzy nie otrzymali odpowiedzi na swoje modlitwy, mimo że się modlili. Badając powody, dla których ludzi nie otrzymali odpowiedzi od Boga, musimy dowiedzieć się, co zrobić, by otrzymać od Niego odpowiedzi.

Po pierwsze, jeśli pielęgnujemy grzech w naszym sercu, Bóg nie odpowie na nasze modlitwy. W Ps. 66,18 czytamy: *„Gdybym w mym sercu zamierzał nieprawość, Pan by mnie nie wysłuchał"*. Iz. 59, 1-2 przypomina nam: *„Nie! Ręka Pana nie jest tak krótka, żeby nie mogła ocalić, ani słuch Jego tak przytępiony, by nie mógł usłyszeć. Lecz wasze winy wykopały przepaść między wami a waszym Bogiem; wasze grzechy zasłoniły Mu oblicze przed wami tak, iż was nie słucha"*. Ponieważ diabeł będzie przechwytywał nasze modlitwy z powodu naszych grzechów, nigdy nie dotrą one do tronu Bożego.

Po drugie, jeśli modlimy się, pozostając w niezgodzie z naszymi braćmi, Bóg nie odpowie na nasze modlitwy. Ponieważ nasz niebieski Ojciec nie przebaczy nam, jeśli my szczerze nie przebaczymy naszym bliźnim (Mat. 18,35), nasze modlitwy nigdy nie dotrą do Boga i nie zostaną wysłuchane.

Po trzecie, jeśli modlimy się o swoje pragnienia, Bóg nie odpowie na nasze modlitwy. Jeśli Jego chwała nie jest dla nas ważna i modlimy się o swoje pragnienia wynikające z naszej grzesznej natury oraz wydajemy wszystko, co od Niego otrzymujemy na przyjemności, Bóg nie odpowie na nasze modlitwy (Jak. 4,2-3). Na przykład, ojciec da pieniądze posłusznej i rozważnej córce, kiedy o to prosi. Jednakże, ojciec nie będzie chętnie dawał pieniędzy córce, która jest nieposłuszna, nie uczy się, ponieważ będzie obawiać się, że wyda pieniądze niewłaściwie. Tak samo, jeśli prosimy o coś z niewłaściwej motywacji oraz by zaspokoić pragnienia swojej grzesznej natury, Bóg nie odpowie nam, ponieważ moglibyśmy podążyć niewłaściwą ścieżką prowadzącą nas do zniszczenia.

Po czwarte, nie powinniśmy się modlić o bałwochwalców (Jer. 11,10-11). Bóg nienawidzi bałwochwalstwa ponad wszystko, dlatego powinniśmy modlić się o zbawienie dusz. Modlitwy lub prośmy zanoszone o bałwochwalców lub w ich imieniu nie zostaną wysłuchane.

Po piąte, Bóg nie odpowie na modlitwy, jeśli modlący ma wątpliwości, ponieważ odpowiada na modlitwy tylko jeśli wierzymy bezwarunkowo (Jak. 1,6-7). Jestem pewny, że wielu z was było świadkami uzdrowienia nieuleczalnej choroby oraz rozwiązania problemu, który wydawał się nie do rozwiązania, ponieważ ludzie gorliwie się o to modlili. Bóg powiedział nam: *„Zaprawdę, powiadam wam: Kto powie tej górze: Podnieś się* *i rzuć się w morze!, a nie wątpi w duszy, lecz wierzy, że spełni się to, co mówi, tak mu się stanie"* (Mar. 11,23). Powinniśmy wiedzieć, że modlitwa osoby powątpiewającej nie zostanie wysłuchana i że tylko modlitwa zgodna z wolą Bożą daje niezaprzeczalne poczucie pewności.

Po szóste, jeśli nie jesteśmy posłuszni Bożym przykazaniom, nasze modlitwy nie zostaną wysłuchane. Kiedy okazujemy posłuszeństwo Bożym przykazaniom i czynimy to, co jest dla Niego przyjemnością, Biblia mówi nam, że możemy mieć pewność przed Bogiem i otrzymamy wszystko, o co prosimy (1 Jana 3,21-22). W Ks. Przysł. 8,17 czytamy: *"Tych kocham, którzy mnie kochają, znajdzie mnie ten, kto mnie szuka"*. Modlitwy ludzi, którzy są posłuszni Bożym przykazaniom z miłości do Niego (1 Jana 5,3) zostaną wysłuchane.

Po siódme, nie otrzymamy odpowiedzi od Boga, jeśli nie siejemy. W Gal. 6,7-8 czytamy: *„Nie łudźcie się: Bóg nie dozwoli z siebie szydzić. A co człowiek sieje, to i żąć będzie: kto sieje w ciele swoim, jako plon ciała zbierze zagładę; kto sieje w duchu, jako plon ducha zbierze życie wieczne"*. Jeśli nie siejemy, nie będziemy zbierać plonów. Jeśli człowiek sieje modlitwę, jego dusza będzie się miała dobrze; jeśli sieje dary, otrzyma finansowe błogosławieństwa; jeśli sieje uczynki, otrzyma błogosławieństwa dobrego zdrowia. Musimy siać, byśmy modli zbierać – siać zgodnie z wolą Bożą, by otrzymać odpowiedzi.

Oprócz powyższych warunków, jeśli ludzie nie modlą się w imieniu Jezusa Chrystusa lub nie modlą się z głębi serca, lub bełkoczą, ich modlitwy nie zostaną wysłuchane. Konflikt między żoną i mężem (1 Piotra 3,7) lub nieposłuszeństwo nie dają możliwości otrzymania Bożej odpowiedzi.

Musimy pamiętać, że powyższe postępowanie tworzy ścianę grzechy między nami i Bogiem; odwróci On od nas swoją twarz i nie odpowie na nasze modlitwy. Dlatego, musimy najpierw szukać Bożego królestwa i Jego sprawiedliwości, wołać do Niego w modlitwie, by pragnienia naszego serca zostały spełnione oraz otrzymać odpowiedzi, trwając w niezmiennej wierze.

3. Tajemnica, jak otrzymać odpowiedź na modlitwę

Na początku życia w Chrystusie, duchowo możemy być porównaniu do niemowlęcia. Bóg odpowiada na nasze modlitwy natychmiast, ponieważ taka osoba nie zna jeszcze pełnej prawdy, a ponieważ postępuje zgodnie z wolą Bożą i uczy się, Bóg odpowiada na jej modlitwy tak, jak rodzic dziecka, które płacze o mleko, i prowadzi ją do Boga.

Ponieważ człowiek ten stale słucha i rozumie prawdę, będzie wzrastał w wierze i wyrośnie z „bycia duchowym dzieckiem" i w zależności, jak będzie żył prawdą w praktyce, Bóg będzie odpowiadać na jego modlitwy. Jeśli człowiek wyrośnie ze „etapu duchowego dziecka", a nadal grzeszy i upada, nie żyjąc zgodnie ze Słowem, nie otrzyma odpowiedzi na swoje modlitwy; od tego momentu, Boże odpowiedzi na jego modlitwy będą zależne od osiągniętego poziomu uświęcenia.

Dlatego, aby ludzie, którzy nie otrzymują odpowiedzi na swoje modlitwy, otrzymali je, muszą okazać skruchę, odwrócić się od zła i zacząć prowadzić życie w posłuszeństwie zgodnie ze Słowem Bożym. Kiedy będą mieszkać w prawdzie, skruszą się, poddając swoje serca, Bóg da im niezwykłe błogosławieństwa. Ponieważ początkowo wiara Hioba była jedynie wiedzą, na początku narzekał na Boga w swoich próbach i cierpieniach. Dopiero kiedy spotkał Boga i okazał skruchę z głębi serca, przebaczył swoim przyjaciołom i żył zgodnie ze Słowem Bożym. Bóg pobłogosławił mu podwójnie (Hiob 42,5-10).

Jonasz znalazł się w brzuchu wielkiej ryby, ponieważ był nieposłuszny Bogu. Jednak, kiedy się modlił, żałował i oddał dziękczynienie w modlitwie z wiarą, Bóg nakazał rybie, by zwymiotowała Jonasza na suchy ląd (Jonasz 2,1-10).

Kiedy odwracamy się od swoich dróg, żałujemy, żyjemy zgodnie z wolą Ojca, wierzymy i wołamy do Niego, szatan nie będzie miał do nas dostępu. Naturalnie, choroby zostaną uleczone, a problemy z dziećmi i problemy finansowe zostaną rozwiązane. Zły mąż zmieni się w dobrego i ciepłego, a rodzina będzie emanować ciepłem i dobrocią Chrystusa, oddając wielką chwałę Bogu.

Jeśli odwrócimy się od naszych dróg, okażemy skruchę i przyjmiemy Boże odpowiedzi na nasze modlitwy, musimy oddać Mu chwałę, świadczącą o naszej radości. Będziemy sprawiać przyjemność Bogu i uwielbiać Go, mówiąc o Nim, a wtedy Bóg będzie z nas zadowolony i jeszcze chętniej odpowie na nasze prośby: „Cóż mam ci dać?".

Przypuśćmy, że rodzic daje swojemu synowi prezent, a syn nie okazuje wdzięczności ani radości. Rodzic nie będzie miał ochoty dać mu nic więcej. Jednakże, jeśli syn doceni prezent i okaże zadowolenie, rodzic będzie zadowolony i chętnie obdaruje swoje dziecko ponownie. Tak damo, otrzymamy od Boga jeszcze więcej, jeśli oddamy Mu chwałę, pamiętając, że nasz Ojciec Bóg raduje się, kiedy może wysłuchiwać modlitw swoich dzieci i daje im więcej dobrych darów, jeśli świadczą o Nim, opowiadając o wysłuchanych modlitwach.

Niech każdy z nas prosi zgodnie z wolą Bożą, okaże wiarę i oddanie oraz otrzyma od Niego odpowiedzi w każdej sprawie. Okazywanie wiary i oddania może wydawać się trudne z ludzkiej perspektywy. Jednakże, dopiero wtedy będziemy w stanie odrzucić grzech, który jest przeciwny prawdzie, zwrócić swój wzrok na niebo, otrzymać odpowiedzi na modlitwy i nagrody w królestwie niebieskim, a nasze życie będzie wypełnione wdzięczności i radością. Co więcej, nasze życie będzie błogosławione, ponieważ próby i cierpienia zostaną od nas odsunięte. Będziemy odczuwać prawdziwy komfort z przebywania w Bożej obecności dzięki Jego prowadzeniu i opiece.

Niech każdy z was prosi z wiarą o wszystko, czego pragnie, modli się gorliwie, walczy z grzechem i będzie posłuszny Bożym przykazaniom, aby otrzymać wszystko, o co prosicie, sprawiać radość Bogu i oddawać Mu cześć w imieniu Jezusa Chrystusa!

Rozdział 2

Nadal musimy Go prosić

Wtedy wspominać będziecie wasz sposób życia i wasze złe czyny. Będziecie czuli obrzydzenie do siebie samych z powodu waszych grzechów i waszych obrzydliwości. Nie z waszego powodu Ja to uczynię - wyrocznia Pana Boga. Zapamiętajcie to sobie dobrze! Wstydźcie się i zarumieńcie z powodu waszego sposobu życia, domu Izraela! Tak mówi Pan Bóg: W dniu, w którym oczyszczę was ze wszystkich win waszych, zaludnię znowu miasta, ruiny zostaną odbudowane, a spustoszony kraj znowu ma być uprawiany, zamiast odłogiem leżeć przed oczami każdego przechodnia. I będą mówić: Ten spustoszony kraj stał się jak ogród Eden, a miasta, które były opustoszałe, zniszczone i zburzone, zostały umocnione i ludne. A narody pogańskie, które wokoło was pozostaną, poznają, że Ja, Pan, to, co zburzone, znowu odbudowałem, a to, co opuszczone, znowu zasadziłem. Ja, Pan, to powiedziałem i to wykonam. Tak mówi Pan Bóg: I do tego jeszcze to uczynię: dam się uprosić domowi Izraela i rozmnożę ich jak trzodę ludzką

(Ezech. 36,31-37)

W 66 księgach Biblii, Bóg, który był taki sam wczoraj, jest dziś i będzie na zawsze (Hebr. 13,8) pokazuje, że jest Bogiem żywym i działa. Tym wszystkim, którzy wierzyli w Jego Słowo i byli mu posłuszni w czasach Starego Testamentu, w czasach Nowego Testamentu i dzisiaj, Bóg pokazuje dowody swojego działania.

Bóg Stwórca wszystkiego we wszechświecie i Pan życia, śmierci, przekleństwa i błogosławieństwa rodzaju ludzkiego obiecał nas błogosławić (Ks. Powtórzonego Prawa 28, 5-6) jeśli będziemy Mu wierzyć i będziemy posłuszni Jego słowu zapisanemu w Biblii. Jeśli prawdziwie wierzymy w ten cudowny fakt, czego nam będzie brakować i czego nie moglibyśmy otrzymać? W Ks. Liczb 23,19 czytamy: *„Bóg nie jest jak człowiek, by kłamał, nie jak syn ludzki, by się wycofywał. Czyż On powie coś, a nie uczyni tego, lub nie wykona tego, co oznajmił?"*. Czy Bóg mówi, ale nie czyni? Czy obiecuje, ale nie spełnia obietnic? Co więcej, w Jan 16,23 Jezus obiecał: *„W owym zaś dniu o nic Mnie nie będziecie pytać. Zaprawdę, zaprawdę, powiadam wam: O cokolwiek byście prosili Ojca, da wam w imię moje"*. Boże dzieci są błogosławione.

Dlatego, dla dzieci Bożych naturalne jest życie, w których otrzymują to, o co proszą i oddawanie chwały niebiańskiemu Ojcu. Dlaczego większości chrześcijan nie udaje się prowadzić takiego życia? We fragmencie, na którym bazuje ten rozdział, przyjrzymy się, w jaki sposób możemy zawsze otrzymywać odpowiedź od Boga.

1. Bóg przemówił i to uczyni, jednak nadal musimy Go prosić

Jako wybrany lud Boży, naród izraelski otrzymywał wiele błogosławieństw. Obiecano im, że jeśli będą w pełni posłuszni Słowu Bożemu, Bóg wyniesie ich wysoko ponad inne narody ziemi, pozwoli im pokonywać ich wrogów i będzie błogosławić wszystkiemu, czego dotknie się ich ręka (Ks. Powt. Pr. 28, 7-8). Takie błogosławieństwa otrzymywali Izraelici, kiedy byli posłuszni Słowu Bożemu, jednak kiedy postępowali niewłaściwie i byli nieposłuszni Prawu, oddając cześć bożkom, z powodu gniewu Bożego trafili do niewoli, a ich ziemie zostały zrujnowane.

W tym czasie, Bóg powiedział Izraelitom, że jeśli okażą skruchę i odwrócą się od złego, pozwoli im uprawiać ziemię i odbudować zniszczone miejsca. Co więcej, Bóg powiedział: *„A narody pogańskie, które wokoło was pozostaną, poznają, że Ja, Pan, to, co zburzone, znowu odbudowałem, a to, co opuszczone, znowu zasadziłem. Ja, Pan, to powiedziałem i to wykonam. Tak mówi Pan Bóg: I do tego jeszcze to uczynię: dam się uprosić domowi Izraela i rozmnożę ich jak trzodę ludzką"* (Ezech. 36,36-37).

Dlaczego Bóg obiecał Izraelitom, że będzie działać, a mimo to oczekiwał, że będą Go prosić?

Mimo, że Bóg wie, czego potrzebujemy jeszcze zanim Go poprosimy (Mat. 6,8), mówi nam: *„Proście, a będzie wam* *dane; szukajcie, a znajdziecie; kołaczcie, a otworzą wam. Albowiem każdy, kto prosi, otrzymuje; kto szuka, znajduje; a kołaczącemu otworzą. Gdy którego z was syn prosi o chleb, czy jest taki, który poda mu kamień? Albo gdy prosi o rybę, czy poda mu węża? Jeśli więc wy, choć źli jesteście, umiecie dawać dobre dary swoim dzieciom, o ileż bardziej Ojciec wasz, który jest w niebie, da to, co dobre, tym, którzy Go proszą"* (Mat. 7,7-11).

Ponadto, zgodnie z tym, co Bóg mówi nam w Biblii, potrzebujemy Go prosić i wołać do Niego, aby otrzymać Jego odpowiedź (Jer. 33,31 Jan 14,14), ponieważ Boże dzieci, które prawdziwie wierzą Jego Słowu, powinny prosić Go, mimo że obiecał, że będzie działać.

Z jednej strony, kiedy Bóg mówi: „Zrobię to", jeśli wierzymy i jesteśmy posłuszni Jego słowu, otrzymamy odpowiedź. Z drugiej strony, jeśli wątpimy, testujemy Boga i nie potrafimy okazać wdzięczności, a zamiast tego narzekamy w czasie próby i cierpienia – kiedy nie wierzymy Bożym obietnicom – nie możemy otrzymać odpowiedzi od Boga. Nawet jeśli Bóg obiecał, że czegoś dokona, obietnica ta może się spełnić, tylko jeśli będziemy się jej trzymać i modlić się gorliwie. Nie możemy powiedzieć o człowieku, że ma wiarę, jeśli nie prosi, a jedynie oczekuje na spełnienie obietnic, mówiąc: „Skoro Bóg powiedział, stanie się". Ani nie otrzyma Bożych odpowiedzi, ponieważ wola Boża nie została spełniona.

2. Musimy prosić, by otrzymywać Boże odpowiedzi

Po pierwsze, musimy modlić się, by zburzyć mur grzechy między nami a Bogiem.

Kiedy Daniel został wzięty do niewoli w Babilonie po upadku Jerozolimy, natknął się na Pisma zawierające proroctwo Jeremiasza i dowiedział się, że spustoszenie Jerozolimy będzie trwało 70 lat. W czasie tych 70 lat Izrael miał służyć królowi Babilonu. Kiedy 70 lat minęło, król Babilony, jego królestwo i ziemia chaldejska miały zostać przeklęte i spustoszone z powodu grzechów ludu. Mimo, że Izraelici byli w niewoli babilońskiej, proroctwo Jeremiasza, że odzyskają niepodległość i wrócą do ojczyzny po 70 latach było stałych źródłem radości i wytchnienia dla Daniela.

Jednak, Daniel nie dzielił się tą radością z Izraelitami, mimo że mógł to czynić. Zamiast tego, Daniel błagał Boga w modlitwie, poszcząc i siedząc w popiele. Okazywał skruchę za swoje grzechy i grzechy Izraela, za złe czyny, bunt i odwrócenie się od Bożych przykazań i praw (Daniel 9,3-19).

Bóg ujawnił przez proroka Jeremiasza nie to, jak skończy się niewola babilońska; jednak powiedział, że skończy się po siedemdziesięciu latach. Ponieważ Daniel znał prawo rzeczywistości duchowej, był świadomy muru grzechu stojącego między Izraelem i Bogiem i tego, że ten mur musiał zostać zniszczony, aby słowo Boże mogło się wypełnić. Czyniąc to, Daniel pokazał swoją wiarę w uczynkach. Ponieważ Daniel pościł i okazywał skruchę – za siebie i za naród izraelski – za to, że zgrzeszyli przeciwko Bogu i zostali przeklęci, Bóg zniszczył mur grzechu, wysłuchał Daniela i dał Izraelitom „siedemdziesiąt siedem [tygodni]" oraz ujawnił mu swoje tajemnice.

Kiedy stajemy się dziećmi Bożymi, które proszą zgodnie ze słowem Ojca, powinniśmy uświadomić sobie, że zniszczenie muru grzechu poprzedza otrzymania odpowiedzi na modlitwy i czyni zniszczenie muru priorytetem.

Po drugie, musimy modlić się w wierze i posłuszeństwie.
W Ks. Wyj. 3, 6-8 czytamy o Bożej obietnicy dla ludu izraelskiego, który był wtedy w niewoli egipskiej, że wyprowadzi ich z Egiptu i zaprowadzi do Kanaanu, ziemi mlekiem i miodem płynącej. Kanaan był ziemią obiecaną Izraelowi przez Boga (Ks. Wyj. 6,8). Obiecał im, że da ziemię ich przodkom i nakazał im wyjść z Egiptu (Ks. Wyj. 33,1-3). To ziemia obiecana, gdzie Bóg nakazał Izraelowi zniszczyć wszystkie bożki, aby nie tworzyły rozłamu między Bogiem a Izraelem. To była obietnica Boga, który zawsze spełnia swoje obietnice. Dlaczego, Izraelici nie mogli wejść do Kanaanu?

W swojej niewierze w Boga i Jego moc, naród izraelski narzekał na Boga (Ks. Liczb 14,1-3) i był Mu nieposłuszny, dlatego nie mógł wejść do Kanaanu, stojąc tuż u wejścia (Ks. Liczb 14, 21-23, Herb. 3,18-19). Krótko mówiąc, mimo że Bóg obiecał Izraelowi ziemię kananejską, obietnica ta była nieużyteczna, jeśli nie wierzyli Mu i nie byli Mu posłuszni. Gdyby Mu wierzyli i byli Mu posłuszni, obietnica z pewnością zostałaby spełniona. W końcu, tylko Jozue i Kaleb, którzy uwierzyli słowu Bożemu, wraz z potomkami narodu izraelskiego, mogli wejść do Kanaanu (Joz. 14,6-12). Z historii

Izraela dowiadujemy się, że Bóg wysłucha naszych modlitw, tylko jeśli będziemy prosić Go, ufając Jego obietnicom, okazując posłuszeństwo i wiarę.

Mimo, że Mojżesz z pewnością wierzył Bożym obietnicom dotyczącym Kanaanu, ponieważ Izraelici nie uwierzyli w moc Bożą, nawet On nie mógł wejść do ziemi obiecanej. Boże działanie często wynika z wiary jednego człowieka, jednak czasami wszyscy zaangażowani muszą okazać wiarę, która umożliwia objawienie mocy Bożej. Przy wejściu do Kanaanu Bóg wymagał wiary całego narodu, nie tylko Mojżesza. Jednak, ponieważ nie znalazł takiej wiary w Izraelu, Bóg nie pozwolił im wejść do Kanaanu. Pamiętajmy, że kiedy Bóg oczekuje wiary więcej niż jednej osoby, ale wszystkich zaangażowanych, wszyscy muszą się modlić w wierze i posłuszeństwie, stać się jednością, by otrzymać Jego odpowiedzi.

Kiedy kobieta, która cierpiała od 12 lat na krwotok została uzdrowiona poprzez dotknięcie się szaty Jezusa, Jezus zapytał: „Kto się mnie dotknął" i poświadczył jej uzdrowienie przed wszystkimi zgromadzonymi (Mar. 5,25-34).

Świadectwo jednej osoby o mocy Bożej objawionej w jej życiu pomogło innym wzrosnąć w wierze i wzmocnić swoje życie modlitwy, by prosić i otrzymywać Boże odpowiedzi. Otrzymywanie Bożych odpowiedzi przez wiarę umożliwia niewierzącym posiąść wiarę i spotkać żywego Boga – to naprawdę niezwykły sposób, by oddawać Mu chwałę.

Wierząc i okazując posłuszeństwo słowu błogosławieństw zapisanemu w Biblii i pamiętając, że musimy prosić, mimo że Bóg dał obietnicę, że spełni nasze prośby, niech nasze modlitwy zawsze będą wysłuchiwane, obyśmy stali się błogosławionymi dziećmi Boga i oddawali Mu cześć z całego serca.

Rozdział 3

Prawo duchowe dotyczące Bożych odpowiedzi

Potem wyszedł i udał się, według zwyczaju, na Górę Oliwną: towarzyszyli Mu także uczniowie. Gdy przyszedł na miejsce, rzekł do nich: Módlcie się, abyście nie ulegli pokusie. A sam oddalił się od nich na odległość jakby rzutu kamieniem, upadł na kolana i modlił się tymi słowami: Ojcze, jeśli chcesz, zabierz ode Mnie ten kielich! Jednak nie moja wola, lecz Twoja niech się stanie! Wtedy ukazał Mu się anioł z nieba i umacniał Go. Pogrążony w udręce jeszcze usilniej się modlił, a Jego pot był jak gęste krople krwi, sączące się na ziemię. Gdy wstał od modlitwy i przyszedł do uczniów, zastał ich śpiących ze smutku. Rzekł do nich: Czemu śpicie? Wstańcie i módlcie się, abyście nie ulegli pokusie

(Łuk. 22,39-46).

Boże dzieci otrzymują zbawienie i mają prawo otrzymać od Boga to, o co proszą przez wiarę. Dlatego w Mat. 21,22 czytamy: *„I otrzymacie wszystko, o co na modlitwie z wiarą prosić będziecie".*

Jednak wielu ludzi zastanawia się, dlaczego nie otrzymują odpowiedzi od Boga, mimo że się modlą, zastanawiają się, czy ich modlitwy docierają do Boga lub wątpią w to, że Bóg w ogóle usłyszał ich modlitwę.

Tak, jak potrzebujemy zapoznać się z odpowiednimi metodami i trasą, by odbyć bezproblemową podróż w celu, tylko jeśli uświadomimy sobie właściwe metody modlitwy, otrzymamy odpowiedzi od Boga. Sama modlitwa nie gwarantuje Bożej odpowiedzi; potrzebujemy zapoznać się z prawem duchowej rzeczywistości dotyczącym Jego odpowiedzi i modlić się zgodnie z nim.

Zapoznajmy się z prawem duchowej rzeczywistości dotyczącym Bożych odpowiedzi i z jego związkiem z siedmioma Duchami Bożymi.

1. Prawo rzeczywistości duchowej dotyczące Bożych odpowiedzi

Ponieważ modlitwa to prośba skierowana do wszechmocnego Boga o rzeczy, których pragniemy i potrzebujemy, możemy otrzymać Jego odpowiedź tylko jeśli prosimy Go zgodnie z prawem duchowej rzeczywistości. Żadne ludzkie wysiłki bazujące na myślach, sposobach, sławie czy wiedzy nie zagwarantują Bożych odpowiedzi.

Ponieważ Bóg jest sprawiedliwym Sędzią (Ps. 7,11), słucha naszych modlitw i odpowiada na nie, wymaga od nas czegoś w zamian za wysłuchane modlitwy. Boża odpowiedź na nasze modlitwy może być porównana do kupowania mięsa od rzeźnika. Jeśli porównamy rzeźnika do Boga, waga, której on używa może być narzędziem, przy użyciu którego Bóg waży w oparciu o prawo rzeczywistości duchowej, czy dana osoba otrzyma Jego odpowiedź czy nie.

Przypuśćmy, że idziemy do rzeźnika, by kupić dwa kilogramy wołowiny. Kiedy prosimy go o właściwą ilość mięsa, rzeźnik waży mięso i patrzy, czy odmierzona została odpowiednia ilość. Jeśli mięso na wadze waży dwa kilogramy, rzeźnik pobiera od nas odpowiednią sumę pieniędzy, pakuje mięso i daje je nam.

Tak samo Bóg, kiedy odpowiada na nasze modlitwy, otrzymuje od nas coś w zamian, co gwarantuje Jego odpowiedź. To jest prawo duchowej rzeczywistości dotyczące Bożych odpowiedzi.

Bóg słucha naszych modlitw, przyjmuje od nas coś o wielkiej wartości i odpowiada na nie. Jeśli ktoś oczekuje na Bożą odpowiedź na swoją modlitwę, oznacza to, że nie dał jeszcze Bogu tego, co Bóg oczekuje. Ponieważ ilość modlitw potrzeba, by otrzymać Bożą odpowiedź różni się w zależności o treści modlitwy, człowiek ten musi modlić się przez wystarczająco długi czas, by otrzymać wiarę odpowiednią, by przyjąć Bożą odpowiedź. Mimo, iż nie wiemy jakiej ilości wymaga Bóg, możemy być pewni, że rzeczywiście tak jest. Dlatego, kiedy słuchamy uważnie głosu Ducha Świętego, musimy prosić Boga o niektóre rzeczy, poszcząc, o inne modląc się całą noc, o jeszcze inne ze łzami, a inne składając dziękczynne ofiary. Takie zachowania sprawiają, że gromadzi się ilość potrzebna, by otrzymać Bożą odpowiedź, a On daje nam taką wiarę, dzięki której możemy wierzyć i błogosławi nas swoją odpowiedzią.

Nawet jeśli dwie osoby wyznaczą szczególny czas na modlitwę, jedna osoba otrzyma Bożą odpowiedź natychmiast, a inna będzie musiała czekać aż nadejdzie odpowiedni czas. Jak możemy to wytłumaczyć?

Ponieważ Bóg jest mądry i planuje z góry, jeśli oświadcza, że ktoś ma takie serce, że będzie modlić się do końca, odpowiada na modlitwę takiej osoby od razu. Jednak, jeśli ktoś nie otrzymuje Bożej odpowiedzi na problem z jakim się zmaga, wynika to z faktu, że odpowiednia ilość modlitw nie została zaniesiona do Boga, by otrzymać Jego odpowiedź. Kiedy błagamy w modlitwie przez jakiś czas, powinniśmy wiedzieć, że Bóg kieruje naszym sercem w taki sposób, byśmy modlili się wystarczająco długo, by otrzymać Jego odpowiedź na modlitwę. W konsekwencji, jeśli nie udaje nam się zebrać odpowiedniej ilości, nie otrzymamy Bożej odpowiedzi na modlitwę.

Na przykład, jeśli człowiek modli się o przyszłego partnera, Bóg szuka odpowiedniej osoby i przygotowuje ją, aby mógł działać dla dobra człowieka we wszystkim. Nie oznacza to, że odpowiedni partner pojawi się od razu, nawet jeśli dana osoba nie jest jeszcze w odpowiednim wieku. Bóg odpowiada ludziom, którzy wierzą, że otrzymają Jego odpowiedź w odpowiednim czasie, a wtedy objawia im swoje działanie. Jednakże, kiedy czyjaś modlitwa nie jest zgodna z Jego wolą, żadna ilość modlitw nie gwarantuje Bożej odpowiedzi. Gdyby ta sama osoba poszukiwała i modliła się o przyszłego partnera, myśląc o wykształceniu, wyglądzie, bogactwie, sławie, i tak dalej – innymi słowy jej modlitwy byłoby motywowane chciwością, Bóg nie odpowie na nie.

Nawet jeśli dwie osoby modlą się do Boga w tej samej sprawie, w zależności od stopnia ich uświęcenia i miary wiary, według której si e modlą, ilość modlitw zanoszonych do Boga jest różna (Ap. 5,8). Jeden człowiek otrzyma Bożą odpowiedź od razu, a drugi będzie musiał poczekać.

Co więcej, im większe znaczenie mają Boże odpowiedzi na modlitwę danego człowieka, tym więcej modlitw będzie zanoszonych. Zgodnie z prawem duchowej rzeczywistości, większe naczynie będzie testowane intensywniej i okaże się być złote, podczas gdy mniejsze naczynie będzie testowane mniej i rzadziej wykorzystywane przez Boga. Dlatego nikt nie może osądzać innych, mówiąc: „Patrz na trudności jakich doświadcza, pomimo swojej wierności!" i rozczarowywać Boga w ten sposób. Nasi praojcowie wiary, Mojżesz, który był testowany przez 40 lat, i Jakub testowany przez 20 lat, byli właściwymi narzędziami w oczach Bożych i wykorzystywani do Jego celów po zwycięskim wyjściu z próby. Pomyślcie o procesie, w którym narodowa reprezentacja piłkarka powstała i była trenowana. Jeśli umiejętności danego zawodnika sprawiają, że powinien należeć do drużyny, dopiero po dłuższym czasie i wysiłku człowiek ten może reprezentować swój kraj.

Bez względu na to, jakiej odpowiedzi oczekujemy od Boga, musimy ukierunkować nasza serce, by otrzymać Jego odpowiedź.

Modląc się, by otrzymać to o co prosimy, poruszymy serce Boga i On odpowie na, kiedy ilość modlitw będzie odpowiednia, oczyści nasze serca, by nie było mury grzechu między nami a Nim, byśmy mogli oddawać Mu dziękczynienie, ofiary i oddanie jako symbol naszej wiary.

2. Związek między prawem duchowej rzeczywistości i Siedmioma Duchami

Tak, jak przyjrzeliśmy się metaforze rzeźnika i jego wagi, zgodnie z prawem duchowej rzeczywistości Bóg mierzy ilość modlitw w sposób bezbłędny i określa, czy dana osoba modliła się odpowiednio długo. Podczas gdy większość ludzi wyraża osądy w danej sprawie tylko na podstawie tego, co widzi, Bóg dokonuje właściwych osądów wraz z siedmioma Duchami Bożymi (Ap. 5,6). Innymi słowy, kiedy człowiek zostanie uznany przez siedem Duchów, otrzyma odpowiedź od Boga na swoją modlitwę.

Co mierzy siedem Duchów?

Po pierwsze, siedem Duchów mierzy wiarę.
Wiarę dzielimy na wiarę duchową i cielesną. Wiara, którą

mierzy siedem Duchów to nie wiara jako wiedza – wiara cielesna, ale wiara duchowa, która jest żywa i której towarzyszą czyny (Jak. 2,22). Na przykład, w Ew. Marka 9 opisana jest scena, w której ojciec dziecka opętanego przez demona, który sprawił, że dziecko było nieme, przyszedł do Jezusa (Mar. 9,17). Ojciec powiedział do Jezusa: „Wierzę, pomóż niedowiarstwu memu". Ojciec wyznaje swoją wiarę cielesną, mówiąc: „Wierzę" i prosi o wiarę duchową: „Pomóż niedowiarstwu memu". Jezus wysłuchał ojca od razu i uzdrowił chłopca (Mar. 9, 18-27).

Nie możemy podobać się Bogu bez wiary (Hebr. 11,6). Jednak ponieważ możemy spełniać pragnienia naszych serc, kiedy podobamy się Bogu, nasza wiara podoba się Bogu, a wtedy możemy osiągnąć pragnienia naszego serca. Dlatego, jeśli nie otrzymujemy Bożych odpowiedzi, mimo że powiedział nam: „Stanie ci się, ponieważ uwierzyłeś", oznacza to, że nasza wiara nie jest jeszcze pełna.

Po drugie, siedem Duchów mierzy radość.

Ponieważ w 1 Tes. 5,16 czytamy, że mamy zawsze się radować, Bożą wolą jest, byśmy się radowali. Zamiast radować się w trudnych chwilach, wielu chrześcijan zagłębia się w lęku, strachu i obawach. Jeśli naprawdę wierzymy w żywego Boga z całego serca, będziemy w stanie zawsze się radować bez względu na sytuację, w jakiej się znajdziemy. Będziemy w stanie radować się w gorliwej nadziei wynikającej z wiecznego królestwa niebieskiego, a nie z tego świata, który niedługo zostanie unicestwiony.

Po trzecie, siedem Duchów mierzy modlitwę.

Ponieważ Bóg mówi, byśmy modlili się bez ustanku (1 Tes. 5,17) oraz obiecuje dać tym, którzy Go proszą (Mat. 7,7), dlatego możemy być pewni, że otrzymamy od Boga to, o co prosimy w modlitwie. Modlitwa, która sprawia Bogu przyjemność wiąże się z modlitwą systematyczną (Łuk. 22,39) oraz klękaniem w modlitwie zgodnie z wolą Bożą. Z takim podejściem i postawą, będziemy naturalnie wołać do Boga z całego serca, a nasze modlitwy będą wypływać z wiary i miłości. Bóg bada takie modlitwy. Nie powinniśmy modlić się wtedy, kiedy czegoś chcemy lub jesteśmy smutni, nie powinniśmy bełkotać w modlitwie, ale powinniśmy modlić się zgodnie z wolą Bożą (Łuk. 22,39-41).

Po czwarte, siedem Duchów mierzy dziękczynienie.

Ponieważ Bóg nakazał nam, byśmy we wszystkim oddawali dziękczynienie (1 Tes. 5,18), każdy kto ma wiarę powinien naturalnie okazywać wdzięczność we wszystkim i z całego serca. Ponieważ Bóg uchronił nas przed drogą ku zniszczeniu i wprowadził nas na drogę ku wiecznemu życiu, jakże możemy nie być wdzięczni? Mamy być wdzięczni za to, że ludzie, którzy szukają Boga, spotykają Go i On wysłuchuje ich modlitw. Co więcej, nawet kiedy stawiamy czoła trudnościom w czasie naszego krótkiego życia na ziemi, mamy być wdzięczni, ponieważ mamy nadzieję na wieczne niebo.

Po piąte, siedem Duchów mierzy to, czy człowiek

zachowuje Boże przykazania.

W 1 Jana 5,2 czytamy: „*Po tym poznajemy, że miłujemy dzieci Boże, gdy miłujemy Boga i wypełniamy Jego przykazania",* a Boże przykazania nie są dla nas ciężarem (1 Jana 5,3). Modlitwa na kolanach i wołanie do Boga to modlitwa miłości wynikająca z wiary. Dzięki wierze i miłości do Boga, możemy modlić się zgodnie z Jego wolą.

Jednak wielu ludzi narzeka na brak Bożych odpowiedzi, kiedy idą na zachód, mimo, że Biblia mówi im, by szli na wschód. Wszystko, co potrzebują zrobić, to postępować zgodnie z Biblią i okazać posłuszeństwo. Ponieważ często odkładają Boże słowo na bok, oceniają sytuację według siebie samych, i modlą się o swoje własne korzyści, Bóg odwraca od nich swoja twarz i nie wysłuchuje ich modlitw. Przypuśćmy, że obiecałeś swojemu przyjacielowi, że spotkasz się z nim na stacji w Nowym Jorku, jednak później uświadomiłeś sobie, że wolisz jechać autobusem, zamiast pociągiem. Bez względu na to, jak długo będziesz czekał na dworcu PKS, nie spotkasz tam swojego przyjaciela. Kiedy udałeś się na zachód po tym, jak Bóg powiedział ci, byś udał się na wschód, nie możesz powiedzieć, że okazałeś posłuszeństwo Jego słowu. A jednak, tragiczne jest to jak wielu chrześcijan wyznaje taką wiarę. Nie jest to ani wiara, ani miłość. Jeśli mówimy, że kochamy Boga, naturalnym będzie zachowywanie Jego przykazań (Jan 14,15; 1 Jana 5,3).

Miłość do Boga sprawi, że będziemy modlić się gorliwiej, co z kolei wyda owoce w postaci zbawienia dusz i ewangelizacji, oraz osiąganiu Bożego królestwa i sprawiedliwości. Wasza dusza będzie obfitować i otrzymacie moc modlitwy. Ponieważ Bóg wysłucha waszych modlitw, będziecie oddawać Mu chwałę, a dzięki wasze wierze otrzymacie nagrody w niebie, będziecie wdzięczni i nigdy nie doświadczycie zmęczenia. Dlatego, jeśli wyznajemy naszą wiarę w Boga, naturalne jest posłuszeństwo Jego Dziesięciu Przykazaniom, które stanowią sedno 66 ksiąg biblijnych.

Po szóste, siedem Duchów mierzy wierność.

Bóg pragnie, abyśmy byli wierni, nie tylko w jednym obszarze, ale wierni we wszystkim. Co więcej, jak zapisano w 1 Kor. 4,2: *„A od szafarzy już tutaj się żąda, aby każdy z nich był wierny",* właściwe jest, by osoby, które otrzymały obowiązki od Boga, prosiły Boga o moc, by zachować wierność we wszystkim i mieć zaufanie ludzi wokół. Ponadto, powinni prosić o wierność w domu i w pracy, ponieważ chcą zachować wierność we wszystkim, czego są udziałem, a ich wierność osiągana jest w prawdzie.

Po siódme i ostatnie, siedem Duchów mierzy miłość.

Nawet jeśli ktoś kwalifikowany jest zgodnie z sześcioma standardami określonymi powyżej, Bóg mówi nam, że bez miłości jesteśmy „niczym", lecz tylko „cymbałem brzmiącym", i że spośród wiary, nadziei i miłości, miłość jest największa. Co więcej, Jezus wypełnił prawo w miłości (Rzym. 13,10) oraz my, jak Jego dzieci, powinniśmy kochać siebie nawzajem.

Abyśmy trzymali Boże odpowiedzi na nasze modlitwy, musimy spełnić warunki zgodnie ze standardami siedmiu Duchów. Czy to oznacza, że osoby nowo nawrócone, które nie znają jeszcze w pełni prawdy, nie mogą otrzymać Bożych odpowiedzi?

Przypuśćmy, że dziecko, które nie umie mówić, pewnego dnia mówi wyraźnie „Mama". Jego rodzice będą tak uradowali, że dadzą dziecku wszystko, czego zapragnie.

Tak samo, ponieważ istnieję różne poziomy wiary, siedem Duchów mierzy każdy i odpowiada odpowiednio. Dlatego, Bóg jest poruszony i raduje się, kiedy może odpowiadać na modlitwy nowo nawróconego człowieka, nawet kiedy ten okazuje małą wiarę. Bóg jest poruszony i raduje się, odpowiadając na modlitwy wierzących na drugim i trzecim poziomie wiary. Wierzący na czwartym i piątym poziomie wiary, ponieważ żyją zgodnie z wolą Bożą i modlą się w sposób odpowiedni, kwalifikują się w oczach siedmiu Duchów i otrzymują Boże odpowiedzi szybko.

Podsumowując, wyższy poziom wiary związany z większą świadomością prawa rzeczywistości duchowej i życiem zgodnie z nim sprawia, że modlitwy są szybciej wysłuchiwane przez Boga. Dlaczego w takim razie osoby nowo nawrócone tak szybko otrzymują czasami Bożą odpowiedź? Dzięki łasce od Boga, osoba nowo nawrócona staje się wypełniona Duchem Świętym i kwalifikuje się w oczach siedmiu Duchów, dlatego szybciej otrzymuje Bożą odpowiedź.

Jednakże, wraz ze wzrostem w prawdzie, człowiek staje

się gnuśny i traci pierwszą miłość, jego oziębłość wzrasta i pojawia się tendencja bycia negatywnie spontanicznym w życiu duchowym.

W naszym uwielbieniu Boga, stańmy się odpowiednimi osobami w oczach siedmiu Duchów, żyjąc w gorliwości i prawdzie, otrzymując od Boga to, o co prosimy w modlitwie oraz prowadząc błogosławione życie, w którym oddajemy Mu chwałę!

Rozdział 4

Zburz ścianę grzechu

Nie! Ręka Pana nie jest tak krótka,
żeby nie mogła ocalić, ani słuch Jego tak przytępiony,
by nie mógł usłyszeć.
Lecz wasze winy wykopały przepaść między wami
a waszym Bogiem; wasze grzechy zasłoniły Mu oblicze
przed wami tak, iż was nie słucha

(Iz. 59,1-2).

Bóg mówi swoim dzieciom w Mat. 7,7-8: *„Proście, a będzie wam dane; szukajcie, a znajdziecie; kołaczcie, a otworzą wam. Albowiem każdy, kto prosi, otrzymuje; kto szuka, znajduje; a kołaczącemu otworzą"* i obiecuje wysłuchiwać ich modlitwy. Dlaczego tak wielu ludzi nie otrzymuje odpowiedzi na swoje modlitwy pomimo Jego obietnicy?

Bóg nie wysłuchuje modlitwy grzesznika; odwraca od niego swoją twarz. Nie może odpowiadać na modlitwy ludzi, którzy są oddzieleni od Boga murem grzechu. Dlatego, by cieszyć się dobrym zdrowiem i pomyślnością, by nasza dusza obfitowała, zniszczenie muru grzechu między nami a Bogiem musi być priorytetem.

Odkrywają różne elementy, które stanowią część muru grzechu, zachęcam was, byście stali się błogosławionymi dziećmi Bożymi, które żałują za swoje grzechy, jeśli między nimi a Bogiem jest mur grzechu, i otrzymują wszystko, o co proszą w modlitwie i oddają Mu chwałę.

1. Zniszczenie Muru Grzechu wynikający z niewiary w Boga oraz nieprzyjmowania Pana jako swojego Zbawiciela

Biblia mówi, że grzechem jest niewiara w Boga i nieprzyjmowanie Jezusa jako swojego Zbawiciela (Jan 16,9). Wielu ludzi mówi: „Jestem bezgrzeszny, ponieważ prowadzę dobre życie", jednak w duchowej ignorancji wypowiadają słowa, nie znając natury grzechu. Ponieważ Słowo Boży nie jest w ich sercu, osoby te nie znają różnicy między prawdą i fałszem i nie rozróżniają dobra od zła. Co więcej, nie znając sprawiedliwości, jeśli według standardów tego świata wydaje nam się, że nie jesteśmy źli, może nam się wydawać, że jesteśmy dobrzy. Bez względu na to, jak komuś wydaje się, że prowadzi dobre życie, kiedy spojrzy w przeszłość na swoje życie w świetle Bożego słowa po przyjęciu Jezusa, odkryje, że jego życie wcale nie było dobre. Wszystko to, ponieważ uświadomi sobie, że to, że nie wierzył w Boga i nie przyjął Jezusa było największym grzechem. Bóg jest zobowiązany odpowiadać na modlitwy ludzi, którzy przyjęli Jezusa i stali się Jego dziećmi, podczas gdy dzieci Boże mają prawo otrzymać Jego odpowiedzi na swoje modlitwy według obietnicy.

Powodem, dla którego dzieci Boże – które wierzą w Niego i przyjęły Jezusa jako swojego Zbawiciela – nie mogą otrzymać odpowiedzi na swoje modlitwy jest to, że nie zauważają istnienia muru grzechu, który powstał w wyniku ich grzechów i zła, a który oddziela ich od Boga Dlatego, nawet kiedy poszczą i modlą się całą noc, Bóg odwraca od nich swoje oblicze i nie odpowiada na ich modlitwy.

2. Zniszcz Mur Grzechu, który sprawia, że nie kochamy siebie nawzajem

Bóg mówi nam, że dla dzieci Bożych wzajemna miłości jest czymś naturalnym (1 Jana 4,11). Ponadto, ponieważ mówi nam, byśmy kochali nawet swoich wrogów (Mat. 5,44), nienawiść w stosunku do braci zamiast miłości jest nieposłuszeństwem wobec słowa Bożego i stanowi grzech.

Jezus okazał swoją miłość do ludzkości na krzyżu, został skazany za grzechu i zło. My jako ludzie powinniśmy kochać naszych rodziców, braci i dzieci. Jednakże grzechem w oczach Bożych jest pielęgnowanie uczuć, jak nienawiść czy niechęć przebaczenia. Bóg nie nakazał nam, byśmy okazali Mu miłość, jaką Jezus ukazał na krzyżu, by wybawić nas od grzechu; On poprosił nas, byśmy odwrócili się od nienawiści w stronę przebaczenia. Dlaczego jest to takie trudne?

Bóg mówi nam, że każdy kto nienawidzi swojego brata jest „mordercą" (1 Jana 3,15) i że Bóg potraktuje nas w ten sposób, jeśli nie przebaczymy naszym braciom (Mat. 18,35). Zachęca nas, byśmy pielęgnowali miłość, unikali narzekania na innych i osądzania (Jak. 5,9).

Ponieważ Duch Święty mieszka w każdym z nas, dzięki miłości Chrystusa, który został ukrzyżowany i odkupił nas z grzechu przeszłości, teraźniejszości i przyszłości, możemy kochać wszystkich ludzi, jeśli okażemy skruchę, odwrócimy się od zła i przyjmiemy Jego przebaczenie. Ponieważ ludzie na tym świecie nie wierzą w Jezusa, nie ma dla nich przebaczenia, nawet jeśli żałują swoich grzechów, dlatego nie mogą dzielić prawdziwej miłości ze sobą nawzajem bez prowadzenia Ducha Świętego.

Nawet jeśli twój brat cię nienawidzi, musisz posiąść takie serce, dzięki któremu będzie trwał w prawdzie, rozumiał i wybaczał, modlił się za niego w miłości, abyś sam nie stał się grzesznikiem. Jeśli nienawidzimy naszych braci zamiast ich kochać, grzeszymy przed Bogiem, tracimy pełnię Ducha Świętego, stajemy się źli i głupcy, spędzając nasze życie na lamentowaniu. Bóg nie odpowie na nasze modlitwy. Tylko dzięki pomocy Ducha Świętego, możemy mieć miłość, zrozumienie i przebaczenia dla innych oraz otrzymać od Boga to, o co prosimy w modlitwach.

3. Zniszczenie Muru Grzechu wynikającego z Nieposłuszeństwa Przykazaniom

W Ew. Jana 14,23 Jezus mówi: *„Kto ma przykazania moje i zachowuje je, ten Mnie miłuje. Kto zaś Mnie miłuje, ten będzie umiłowany przez Ojca mego, a również Ja będę go miłował i objawię mu siebie".* Z tego powodu w 1 Jana 3,21 czytamy: *„Umiłowani, jeśli serce nas nie oskarża, mamy ufność wobec Boga".* Innymi słowy, jeśli mur grzechu powstał w wyniku nieposłuszeństwa Bożym przykazaniom, nie otrzymamy odpowiedzi na nasze modlitwy.

Tylko, jeśli Boże dzieci okazują posłuszeństwo przykazaniom Ojca i czynią to, co sprawia im przyjemność, mogą prosić o to, czego pragną z pewnością, że otrzymają odpowiedź.

W 1 Jana 3,24 czytamy: *„Kto wypełnia Jego przykazania, trwa w Bogu, a Bóg w nim; a to, że trwa On w nas, poznajemy po Duchu, którego nam dał".* Widzimy tutaj, że tylko jeśli serce człowieka wypełnione jest prawdą i jeśli człowiek żyje prowadzony Duchem Świętym, może otrzymać to, o co prosi, a jego życie będzie udane w każdym aspekcie.

Na przykład, jeśli jest sto pokoi w jednym sercu i człowiek wszystkie te pokoje powierzy Panu, jego dusza będzie obfitować i otrzyma błogosławieństwa. Jednakże, jeśli ta sama osoba da Panu pięćdziesiąt pokoi w swoim sercu, a pozostałe zostawi dla siebie, nie otrzyma Bożych odpowiedzi, ponieważ nie otrzyma prowadzenia Ducha Świętego, jej prośby będą motywowane własnymi myślami i cielesnymi pożądliwościami. Ponieważ nasz Pan mieszka w każdym z nas, nawet jeśli pojawia się przed nami przeszkoda, On wzmacnia na, byśmy ją obeszli lub przeskoczyli. Nawet jeśli pójdziemy doliną ciemności, On da nam sposób, by jej uniknąć, będzie działać dla dobra we wszystkim i prowadzić nasze życie tak, by obfitowało.

Jeśli wypełniamy Boże przykazania, żyjemy w Bogu, a On żyje w nas. Możemy oddawać Mu chwałę i otrzymamy wszystko, o co prosimy w modlitwie. Zniszczmy mur grzechu wynikający z nieposłuszeństwa Bożych przykazaniom, zacznijmy być im posłuszni, zyskajmy pewność przed Bogiem i oddawajmy Mu chwałę za to, co nam daje.

4. Zniszcz Mur Grzechu wynikający z Modlitw o własne Pragnienia

Bóg mówi nam, byśmy czynili wszystko na Jego chwałę (1 Kor. 10,31). Jeśli modlimy się o coś innego niż Jego chwałą, pragniemy spełnienia naszych pragnień i zachcianek ciała, dlatego Bóg nie wysłucha naszych próśb (Jak. 4,3).

Z jednej strony, jeśli pragniemy błogosławieństw materialnych dla Bożego królestwa i Jego sprawiedliwości, aby nieść pociechę biednym, zbawienie duszom, otrzymamy odpowiedzi od Boga, ponieważ tak naprawdę pragniemy Jego chwały. Z drugiej strony, jeśli pragniemy błogosławieństw materialnych w nadziei na to, by pochwalić się przed braćmi, w rzeczywistości modlimy się tak, jak chce tego szatan, by zaspokoić własne pragnienia, dlatego nie otrzymamy odpowiedzi od Boga. Nawet na tym świecie rodzice, którzy prawdziwie kochają swoje dzieci nie dadzą im stu dolarów, żeby je roztrwoniły w sklepie. Tak samo Bóg nie chce, by Jego dzieci kroczyły złą ścieżką i z tego powodu nie odpowiada na każdą prośbę swojego dziecka.

W 1 Jana 5,14-15 czytamy: *„Ufność, którą w Nim pokładamy, polega na przekonaniu, że wysłuchuje On wszystkich naszych próśb zgodnych z Jego wolą. A jeśli wiemy, że wysłuchuje wszystkich naszych próśb, pewni jesteśmy również posiadania tego, o cośmy Go prosiły".* Tylko jeśli odrzucimy nasze pragnienia i będziemy modlić się zgodnie z Jego wolą i dla Jego chwały, otrzymamy wszystko, o co prosimy.

5. Zniszcz Mur Grzechu wynikający z Wątpliwości w Modlitwie

Ponieważ Bóg raduje się, kiedy okazujemy naszą wiarę, bez wiary nie można podobać się Bogu (Hebr. 11,6). Nawet w Biblii możemy znaleźć przykłady, w których Bóg odpowiada ludziom, którzy w Niego wierzyli (Mat. 20,29-34; Mar. 5,22-43; 9,17-27; 10,46-52). Kiedy ludzie nie okazują swojej wiary w Boga, są napominani za swoją małą wiarę, nawet jeśli są uczniami Jezusa (Mat. 8,23-27). Kiedy ludzie okazują Bogu wielką wiarę, nawet poganin został wyróżniony (Mat. 15,28).

Bóg napomina tych, którzy nie wierzą i tych, którzy wątpią (Mar. 9,16-29). Mówi im, że jeśli pielęgnują wątpliwości w modlitwie, nie powinni spodziewać się odpowiedzi (Jak. 1,6-7). Innymi słowy, nawet jeśli pościmy i modlimy się całą noc, jeśli nasze modlitwy są pełne wątpliwości, nie powinniśmy oczekiwać, że Bóg nas wysłucha.

Co więcej, Bóg przypomina nam: *„Zaprawdę, powiadam wam: Kto powie tej górze: Podnieś się i rzuć się w morze!, a nie wątpi w duszy, lecz wierzy, że spełni się to, co mówi, tak mu się stanie. Dlatego powiadam wam: Wszystko, o co w modlitwie prosicie, stanie się wam, tylko wierzcie, że otrzymacie"* (Mar. 11,23-24).

Ponieważ *"Bóg nie jest jak człowiek, by kłamał, nie jak syn ludzki, by się wycofywał"* (Ks. Liczb 23,19), Bóg odpowie na nasze modlitwy, jeśli w Niego wierzymy i pragniemy Jego chwały. Ludzie, którzy kochają Boga i mają wiarę są zobowiązani wierzyć i poszukiwać Bożej chwały. Dlatego mogą prosić o wszystko, czego pragną. Kiedy wierzą, proszą i otrzymują odpowiedzi na swoje modlitwy, ludzie ci oddają chwałę Bogu. Pozbądźmy się wątpliwości, tylko wierzmy w Boga, prośmy i otrzymajmy od Boga odpowiedzi, byśmy mogli oddawać Mu chwałę z całego serca.

6. Zniszcz Mur Grzechu wynikający z tego, że nie siejemy

Jako Pan wszystkiego we wszechświecie, Bóg ustanowił prawo duchowej rzeczywistości i jako sprawiedliwy Sędzia, prowadzi wszystko w sposób uporządkowany. Król Dariusz nie mógł uratować swojego ukochanego sługi Daniela z jaskini lwów, ponieważ nawet jako król, nie mógł okazać nieposłuszeństwa dekretowi, który sam wydał. Podobnie, Bóg nie może być nieposłuszny prawu duchowej rzeczywistości, które sam ustanowił, a wszystko we wszechświecie funkcjonuje pod Jego nadzorem. Dlatego, z Boga nie można się naśmiewać. On pozwala człowiekowi zabrać to, co zasiał (Gal. 6,7). Jeśli ktoś sieje modlitwę, otrzyma duchowe błogosławieństwa; jeśli sieje czas, otrzyma błogosławieństwo zdrowia; jeśli sieje dary, Bóg pozwoli mu uniknąć kłopotów w pracy i w domu oraz da mu większe materialne błogosławieństwa.

Kiedy siejemy przed Bogiem, On odpowiada na nasze modlitwy i daje nam to, o co prosimy. Siejąc gorliwie dla Boga, nie tylko wydamy obfity owoc, ale również otrzymamy to, o co prosimy Go w modlitwach.

Oprócz sześciu murów grzechu wspomnianych powyżej, grzech obejmuje również pragnienia i działania ciała, jak niesprawiedliwość, zazdrość, gniew i duma; takie owoce będziemy wydawać, jeśli nie walczymy z grzechem aż do przelania krwi i nie jesteśmy gorliwi dla Bożego królestwa.

Dowiadując się o i rozumiejąc różne czynniki, które stanowiąc mur grzechu między nami a Bogiem, musimy zniszczyć ten mur, by Bóg mógł nas wysłuchać, byśmy mogli oddać Mu chwałę. Wszyscy powinniśmy stać się wierzącymi, którzy cieszą się dobrym zdrowiem, mają pomyślność we wszystkim, a ich dusza obfituje.

W oparciu o Boże słowo, które czytamy w Ks. Izajasza 59,1-2, powinniśmy zbadać wiele czynników, które stanowią mur między Bogiem a nami. Niech każdy z nas stanie się błogosławionym dzieckiem Boga, które rozumie naturę grzechu, cieszy się dobrym zdrowiem i odnosi sukcesy, oddając chwałę niebiańskiemu Ojcu, otrzymując wszystko, o co prosimy w modlitwach, w imieniu Jezusa Chrystusa się modlę!

Rozdział 5

Zbierzesz, co zasiałeś

Tak bowiem jest: kto skąpo sieje, ten skąpo i zbiera, kto zaś hojnie sieje, ten hojnie też zbierać będzie. Każdy niech przeto postąpi tak, jak mu nakazuje jego własne serce, nie żałując i nie czując się przymuszonym, albowiem radosnego dawcę miłuje Bóg

(2 Kor. 9,6-7).

Każdej jesieni mamy możliwość oglądać obfitość złotych fal dojrzałych plantacji ryżu. Aby plony mogły zostać zebrane, wiemy, że konieczny był ogrom pracy i poświęcenia, poczynając od sadzenia po nawożenie i pielęgnację wiosną i latem.

Rolnik, który ma duże pole i sieje więcej ziaren ma więcej pracy niż rolnik, który sieje mało. Jednak w nadziei na większe zbiory, pracuje gorliwie i sumiennie. Tak mówi prawo natury: „Człowiek zbiera to, co zasiał". Tak samo my powinniśmy znać prawo Boga, który jest Panem duchowej rzeczywistości i postępować zgodnie z tym samym mottem.

Wśród chrześcijan w dzisiejszych czasach, widzimy, że niektórzy proszą Boga o spełnienie ich pragnień, mimo że nie sieją, podczas gdy inni narzekają z powodu braku odpowiedzi, mimo że dużo się modlą. Mimo, że Bóg pragnie, by Jego dzieci otrzymały obfitość błogosławieństw i rozwiązanie dla wszystkich problemów, człowiek często nie rozumie prawa siania i zbierania, dlatego nie otrzymuje tego, o co prosi Boga.

Prawo natury mówi nam: „Człowiek zbiera to, co sieje". Dowiedzmy się, co powinniśmy siać i w jaki sposób, aby zawsze otrzymać Bożą odpowiedź i oddawać Mu chwałę.

1. Należy przygotować pole

Przed wysianiem nasion, rolnik musi przygotować pole, na którym będzie pracować. Zbiera kamienie, wyrównuje ziemię i tworzy środowisko oraz warunki, w których nasiona będą odpowiednio wzrastać. W zależności od pracy i poświęcenia rolnika, nawet spustoszona ziemia może stać się żyzną glebą. Biblia porównuje serce człowieka do pola i dzieli je na cztery kategorie (Mat. 13,3-9).

Pierwsza kategoria to "ziemia przy drodze"

Gleba wzdłuż drogi jest ubita. Człowiek o takim sercu uczęszcza do kościoła, jednak nawet słuchają słowa, nie otwiera drzwi do swojego serca. Dlatego, nie może poznać Boga i z powodu braku wiary, nie doświadcza oświecenia.

Druga kategoria to pole kamieniste

Na kamienistym polu z powodu kamieni rośliny nie rosną właściwie. Człowiek o takim sercu zna słowo jako wiedzę, a jego wierze nie towarzyszą uczynki. Ponieważ brakuje mu pewności w wierze, upada w czasie prób i cierpienia.

Trzecia kategoria to ciernie

Ciernista ziemia z powodu cierni uniemożliwia wzrost roślin, ponieważ ciernie zagłuszają rośliny i dobre owoce nie zostaną zabrane. Człowiek o takim sercu wierzy w słowo Boży i próbuje żyć zgodnie z nim, jednak nie postępuje zgodnie z wolą Bożą, lecz zgodnie z pragnieniami ciała. Ponieważ wzrost słowa zasianego w sercu jest zakłócony pokusami posiadami, zysków lub trosk, człowiek ten nie wydaje owocu. Mimo, że się modli nie potrafi polegać na niewidzialnym Bogu i dlatego żyje zaangażowany we własne myśli i według własnych sposobów.

Dlatego nie doświadcza mocy Bożej, bo Bóg widzi taką osobę jakby z daleka.

Czwarta kategoria to dobra gleba

Człowiek wierzący o takim sercu mówi „Amen" na wszystko, czego dowiaduje się ze słowa Bożego i okazuje posłuszeństwo bez zastanawiania się czy kalkulacji. Kiedy nasiona padają na dobrą ziemię, rosną i wydają owoc stukrotny, sześćdziesięciokrotny lub trzydziestokrotny.

Jezus mówił „Amen" i był wierny słowu Bożemu (Fil. 2,5-8). Podobnie, człowiek, którego serce jest dobrą glebą jest bezwarunkowo wierny słowu Bożemu i żyje zgodnie z nim. Jeśli słowo Boże mówi mu, że ma zawsze się radować, raduje się bez względu na okoliczności. Jeśli słowo Boże mówi mu, by stale się modlił, modli się nieustannie. Człowiek o takim sercu zawsze komunikuje się z Bogiem, otrzymuje odpowiedzi na swoje modlitwy i żyje zgodnie z Jego wolą.

Bez względu na to, jaką glebą jest teraz nasze serce, może zawsze stać się tą właściwą. Możemy oczyścić glebę z kamieni, usunąć ciernie i użyźnić pole.

W jaki sposób możemy przygotować dobrą glebę naszego serca?

Po pierwsze, uwielbiać Boga w duchu i prawdzie.
Musimy oddać Bogu cały nasz umysł, wolę, poświęcenie i siłę,

w miłości ofiarować Mu swoje serce. Tylko wtedy, zostaniemy zabezpieczeni przed złymi myślami, zmęczeniem i ospałością, a nasze serca staną się dobrą glebą dzięki mocy z góry.

Po drugie, musimy walczyć z grzechem aż do przelewu krwi. Jeśli jesteśmy w pełni posłuszni słowu Bożemu, postępując zgodnie z Jego przykazaniami, nasze serca będą stawać się dobrą glebą. Na przykład, tylko dzięki gorliwej modlitwie będziemy w stanie oczyścić nasze serca z zazdrości i nienawiści.

Jeśli badamy glebę naszego serca i pielęgnujemy ją, nasza wiara będzie wzrastać, a dzięki Bożej miłości, wszystko w naszym życiu powiedzie się. Musimy gorliwie pielęgnować glebę naszego serca, ponieważ im bardziej żyjemy zgodnie ze słowem Bożym, tym bardziej wzrasta nasza wiara duchowa. Im bardziej wzrasta nasza wiara duchowa, tym więcej dobrej gleby będzie w naszym sercu. Dlatego powinniśmy sumiennie dbać o nasze serce.

2. Należy wysiać różne nasiona

Kiedy gleba jest przygotowana, rolnik zaczyna siać. Tak, jak spożywamy różne rodzaje jedzenia, by zachować równowagę, tak rolnik sadzi i pielęgnuje różne rodzaje nasion, jak ryż, pszenica, fasola i tym podobne.

Siejąc przed Bogiem, również powinniśmy siać wiele nasion. „Sianie" w sensie duchowym odnosi się do posłuszeństwa Bożym przykazaniom, które mówią nam, co mamy czynić. Na przykład, jeśli Bóg mówi nam, byśmy się radowali, powinniśmy siać radość, mając nadzieję na niebo i dzięki tej radości sprawiać przyjemność Bogu, który pragnie nam dać to, o co się modlimy (Ps. 37,4). Jeśli mówi nam, byśmy głosili ewangelię, musimy wiernie rozpowszechniać Słowo Boże. Jeśli mówi nam, byśmy kochali się nawzajem, byli wierni i wdzięczni, oraz modlili się, powinniśmy robić dokładnie to, co On nam nakazuje.

Ponadto, żyjąc zgodnie ze słowem Bożym, oddając dziesięcinę i zachowując święty Szabat, siejemy dobre ziarno, które wzrośnie, zakwitnie i wyda obfity owoc.

Jeśli siejemy skromnie, niechętnie i pod przymusem, Bóg nie zaakceptuje naszych wysiłków. Jak rolnik, który sieje nasiona w nadziei na dobre zbiory, tak z wiarą musimy wierzyć i patrzeć na Boga, który pobłogosławi nasze plony.

W Hebr. 11,6 czytamy: *„Bez wiary zaś nie można podobać się Bogu. Przystępujący bowiem do Boga musi uwierzyć, że [Bóg] jest i że wynagradza tych, którzy Go szukają".* Ufając Jego słowu, kiedy patrzymy na Boga, który nagradza i siejemy, będziemy zbierać w obfitości tu na ziemi i otrzymamy nagrody w niebie.

3. O pole należy dbać z wytrwałością i poświęceniem

Kiedy rolnik wysieje nasiona, dba o pole z największą troską. Podlewa, plewi i łapie insekty. Bez takiego wysiłku, rośliny mogłoby obumrzeć zanim wydadzą owoc.

W sensie duchowym „woda" oznacza słowo Boże. Jak Jezus powiedział w Ew. Jana 4,14: *„Kto zaś będzie pił wodę, którą Ja mu dam, nie będzie pragnął na wieki, lecz woda, którą Ja mu dam, stanie się w nim źródłem wody wytryskającej ku życiu wiecznemu"*, woda symbolizuje wieczne życie i prawdę. „Łapanie owadów" oznacza pilnowanie słowa Bożego zasadzonego w naszym sercu przed wrogiem. Dzięki uwielbieniu i modlitwie, będziemy mogli zachować nasze serce bez skazy, nawet jeśli szatan będzie chciał przeszkadzać nam w pracy.

„Plewienie pole" to proces, w których pozbywamy się fałszu, złości, nienawiści i tym podobnych. Modląc się gorliwie, pozbywamy się złości i nienawiści, dzięki czemu dobre ziarno może wzrastać i wydawać owoce. Kiedy pozbędziemy się fałszu i unikniemy działań szatana, będziemy wzrastać jak prawdziwe dzieci Boże.

Istotnym czynnikiem w pielęgnowaniu pola po zasianiu nasion jest oczekiwanie na właściwy czas. Jeśli rolnik zacznie kopać w ziemi zaraz po zasianiu nasion, aby zobaczyć, co się dzieje, nasiona nie będą miały czasu, by zapuścić korzenie. Potrzebna jest wytrwałości i poświęcenie aż do czasu zbiorów.

Czas do wydania owocu jest różny w zależności od nasion. Nasiona melona lub arbuza wydają owoc w mniej niż rok, natomiast jabłka i gruszki potrzebują kilku lat. Radość rolnika uprawiającego żeń-szeń jest większa niż rolnika uprawiającego arbuza, ponieważ wartość żeń-szenia, który hoduje się kilka lat, jest znacznie większa niż wartość arbuza, który rośnie w krótszym czasie.

Tak samo, kiedy siejemy przed Bogiem zgodnie z Jego słowem, czasami otrzymamy odpowiedzi od razu i zbierzemy owoce, a czasami potrzeba więcej czasu, by zabrać plon. W Gal. 6,9 czytamy: „*W czynieniu dobrze nie ustawajmy, bo gdy pora nadejdzie, będziemy zbierać plony, o ile w pracy nie ustaniemy*", aż do czasu plonów, powinniśmy dbać o pole z wytrwałością i poświęceniem.

4. Zbierzesz, co zasiałeś

W Ew. Jana 12,24 czytamy: *"Zaprawdę, zaprawdę, powiadam wam: Jeżeli ziarno pszenicy wpadłszy w ziemię nie obumrze, zostanie tylko samo, ale jeżeli obumrze, przynosi plon obfity"*. Zgodnie z Jego prawem, Bóg sprawiedliwości oddał swojego jedynego Syna Jezusa jako ofiarę przebłagalną za ludzkość i pozwolił, by Chrystus stał się ziarnem pszenicy, które umarło. Dzięki swojej śmierci, Jezus wydał wiele owocu.

Prawo duchowej rzeczywistości, podobnie do prawa natury mówi: "Zbierzesz, co zasiałeś". Prawa Bożego nie można naruszać. W Gal. 6,7-8 czytamy: *"Nie łudźcie się: Bóg nie dozwoli z siebie szydzić. A co człowiek sieje, to i żąć będzie: kto sieje w ciele swoim, jako plon ciała zbierze zagładę; kto sieje w duchu, jako plon ducha zbierze życie wieczne."*.

Kiedy rolnik sieje nasiona na polu, w zależności od rodzaju nasion, może zebrać plony szybciej niż inni, lecz nie przestanie siać. Im więcej sieje i pielęgnuje pole, tym większe plony zbierze. Tak samo, w naszej relacji z Bogiem, będziemy zbierać to, co zasialiśmy.

Jeśli siejemy modlitwę i uwielbienie, dzięki mocy z góry będziemy żyć zgodnie ze Słowem Bożym, a nasza dusza będzie obfitować. Jeśli wykonujemy wiernie pracę dla królestwa Bożego, nie dotnie nas choroba, lecz otrzymamy błogosławieństwa duchowe i cielesne. Jeśli będziemy siać z naszych bogactw materialnych, oddawać dziesięcinę i dary, Bóg pobłogosławi nam jeszcze bardziej tak, byśmy mogli jeszcze więcej czynić dla Jego królestwa i sprawiedliwości.

Nasz Pan, który nagradza każdego według uczynków jego, mówi nam w Ew. Jana 5,29: *„A ci, którzy pełnili dobre czyny, pójdą na zmartwychwstanie życia; ci, którzy pełnili złe czyny - na zmartwychwstanie potępienia".* Dlatego, musimy żyć zgodnie z tym, co podpowiada nam Duch Święty i prowadzić dobre życie.

Jeśli ktoś sieje dla własnych pragnień, a nie dla Ducha Świętego, zbierze plony tego świata, które w końcu przeminą.
Jeśli osądzamy innych, sami zostaniemy osądzeni: *„Nie sądźcie, abyście nie byli sądzeni. Bo takim sądem, jakim sądzicie, i was osądzą; i taką miarą, jaką wy mierzycie, wam odmierzą"* (Mat. 7,1-2).

Bóg przebaczył nam nasze grzechy, które popełniliśmy zanim przyjęliśmy Jezusa Chrystusa. Jednak jeśli popełniamy grzechy, kiedy znamy już prawdę, nawet jeśli zostanie nam to przebaczone, ponieważ okażemy skruchę, będziemy podlegać karze.

Jeśli siejemy grzech, zgodnie z prawem duchowej rzeczywistości, zbierzemy owoce grzechu i będziemy stawiać czoła próbom i doświadczeniom.

Kiedy ukochany syn Boży, Dawid zgrzeszył, Bóg powiedział

mu: *"Czemu zlekceważyłeś słowo Pana, popełniając to, co złe w Jego oczach? Zabiłeś mieczem Chetytę Uriasza, a jego żonę wziąłeś sobie za małżonkę. Zamordowałeś go mieczem Ammonitów. To mówi Pan: Oto Ja wywiodę przeciwko tobie nieszczęście z własnego twego domu, żony zaś twoje zabiorę sprzed oczu twoich, a oddam je twojemu współzawodnikowi, który będzie obcował z twoimi żonami - wobec tego słońca"* (2 Sam. 12,9.11). Dawidowi przebaczono jego grzechy, ponieważ okazał skruchę - „Zgrzeszyłem przeciwko Bogu", jednak wiemy, że dziecko Batszeby i Dawida straciło życie (2 Sam. 12,13-15).

Powinniśmy życie według prawdy i czynić dobro, pamiętać, że będziemy zbierać to, co zasialiśmy we wszystkim, dlatego siejmy dla Ducha Świętego, otrzymajmy życie wieczne i pełnię Bożych błogosławieństw.

W Biblii opisanych jest wiele osób, które sprawiały przyjemność Bogu i otrzymały ogrom Jego błogosławieństw. Ponieważ kobieta w Szua zawsze traktowała Eliasza, męża Bożego z szacunkiem i życzliwością, zawsze zatrzymywał się w jej domu, kiedy przybywał do tego miejsca. Po przedyskutowaniu ze swoim mężem kwestii pokoju dla Eliasza, kobieta przygotowała pokój dla proroka, w którym znajdowało się łóżko, stół, krzesło i lampa, a następnie zachęcała Eliasza, by zatrzymał się w jej domu (2 Król. 4,8-10).

Eliasz był poruszony poświęceniem kobiety. Kiedy dowiedział się, że jej mąż był stary i nie mieli dzieci, czego ona bardzo pragnęła, Eliasz prosił Boga o błogosławieństwo dla tej kobiety, by mogła zajść w ciążę, a Bóg rok później dał jej syna (2 Król. 4,11-17).

Jak Bóg obiecał w Ps. 37,4: „Raduj się w Panu, a On spełni pragnienia twego serca", kobieta w Szua otrzymała to, o co prosiła, ponieważ traktowała sługę Bożego z troską i poświęceniem (2 Król. 4,8-17).

W Dz. Ap. 9,36-40 opisana jest historia kobiety z Joppy o imieniu Tabita, która czyniła dobro w życzliwości i poświęceniu. Kiedy zachorowała i umarła, uczniowie powiedzieli o tym Piotrowi. Kiedy Piotr przybył na miejsce, zobaczył szaty i inne ubrania, które Tabita zrobiła dla innych. Ludzie błagali, by przywrócił ją do życia. Piotr był poruszony dobrocią Tabity i modlił się do Boga gorliwie. Kiedy powiedział: „Tabito, wstań", kobieta otworzyła oczy i usiadła. Ponieważ Tabita siała dobroć i pomagała ubogim, mogła otrzymać błogosławieństwa i jej życie zostało przedłużone.

W Ew. Marka 12,44 czytamy o biednej wdowie, która oddała Bogu wszystko, co miała. Jezus, obserwując tłumy, składające ofiary w świątyni, powiedział uczniom: *„Wszyscy bowiem wrzucali z tego, co im zbywało; ona zaś ze swego niedostatku wrzuciła wszystko, co miała, całe swe utrzymanie"* i pochwalił ją. Oczywiście kobieta otrzymała wiele błogosławieństw w dalszym życiu.

Zgodnie z prawem duchowej rzeczywistości, Bóg sprawiedliwości pozwala nam zbierać to, co siejemy i nagradza na zgodnie z naszymi uczynkami. Ponieważ Bóg działa zgodnie z wiarą człowieka, który wierzy Mu i okazuje posłuszeństwo, powinniśmy zrozumieć, że możemy otrzymać wszystko, o co prosimy w modlitwach. Pamiętając o tym, każdy z nas powinien zbadać swoje serce, pielęgnować je, by stało się dobrą glebą, siać ziarno, trwać w wytrwałości i poświęceniu oraz wydawać obfity owoc w imieniu Pana Jezusa Chrystusa!

Rozdział 6

Eliasz otrzymuje Bożą odpowiedź w postaci ognia

Potem Eliasz powiedział Achabowi: Idź! Jedz i pij, bo słyszę odgłos deszczu. Achab zatem poszedł jeść i pić, a Eliasz wszedł na szczyt Karmelu i pochyliwszy się ku ziemi, wtulił twarz między swoje kolana. Potem powiedział swemu słudze: Podejdź no, spójrz w stronę morza! On podszedł, spojrzał i wnet powiedział: Nie ma nic! Na to mu odrzekł: Wracaj siedem razy! Za siódmym razem [sługa] powiedział: Oto obłok mały, jak dłoń człowieka, podnosi się z morza! Wtedy mu rozkazał: Idź, powiedz Achabowi: Zaprzęgaj i odjeżdżaj, aby cię deszcz nie zaskoczył. Niebawem chmury oraz wiatr zaciemniły niebo i spadła ulewa, więc Achab wsiadł na wóz i udał się do Jizreel

(1 Król. 18,41-45).

Potężny sługa Boży Eliasz świadczył o żywym Bogu i sprawił, że bałwochwalczy Izraelici żałowali za swoje grzechy przed Bogiem dzięki temu, że Bóg zesłał ogień z nieba na jego prośbę. Ponadto, kiedy przez trzy i pół roku nie było deszczu, ponieważ Bóg rozgniewał się na Izraelitów, Eliasz uczynił cud, który zakończył suszę i sprawił, że zaczął padać deszcz.

Jeśli wierzymy w żyjącego Boga w naszym życiu również musimy przyjąć Bożą odpowiedź w postaci ognia tak jak Eliasz, świadczyć o Nim i oddawać Mu chwałę.

Przyglądając się wierze Eliasza, dzięki której otrzymał odpowiedź od Boga w postaci ognia, widzimy, że pragnienia jego serca spełniły się. My również możemy stać się błogosławionymi dziećmi Boga, które otrzymują Jego odpowiedzi.

1. Wiara Eliasza, sługi Bożego

Jako naród wybrany, Izraelici mieli oddawać cześć tylko Bogu, jednak ich królowie zaczęli czynić zło w oczach Boga i oddawać cześć bożkom. Kiedy Achab wstąpił na tron, lud izraelski czynił wiele zła i bałwochwalstwo sięgnęło szczytu. Bóg rozgniewał się na Izraelitów i dotknął ich 3,5-letnią suszą. Bóg ustanowił Eliasza swoim sługom i przez niego objawiał swoje dzieła.

Bóg powiedział do Eliasza: *„Idź, ukaż się Achabowi, albowiem ześlę deszcz na ziemię"* (1 Król. 18,1).

Mojżesz, który wyprowadził Izraela z Egiptu, na początku

okazał Bogu nieposłuszeństwo, kiedy Bóg nakazał mu udać się przed oblicze faraona. Kiedy Samuel miał wyznaczyć Dawida na króla, początkowo również nie usłuchał polecenia Bożego. Jednakże, kiedy Bóg powiedział Eliaszowi, by udał się do Achaba, która który próbował go zabić przez trzy lata, prorok był bezwarunkowo posłuszny Bogu i okazał swoją wielką wiarę, która była dla Boga przyjemnością.

Ponieważ Eliasz był posłuszny i wierzył we wszystko, co było Bożym słowem, przez proroka Bóg mógł manifestować swoje dzieła. Bóg był zadowolony z wiary i posłuszeństwa Eliasza, kochał go i uznał go za swojego sługę, towarzyszył mu wszędzie, gdzie prorok się udawał i sprawiał, że jego poczynania były pomyślne. Ponieważ Bóg był z Eliaszem, Eliasz mógł wzbudzać z martwych, otrzymać odpowiedź od Boga w postaci ognia oraz zostać zabrany do nieba na wozie ognistym. Mimo, że Bóg, który siedzi na swoim niebiańskim tronie jest tylko jeden, wszechmocny Bóg widzi wszystko we wszechświecie i pozwala, by Jego dzieła miały miejsce wszędzie tak, gdzie jest On obecny. W Ew. Mar. 16,20 czytamy: *„Oni zaś poszli i głosili Ewangelię wszędzie, a Pan współdziałał z nimi i potwierdził naukę znakami, które jej towarzyszyły".* Kiedy Bóg rozpoznaje człowieka i jego wiarę, dzieją się cuda i wysłuchiwane są modlitwy, ponieważ w ten sposób Bóg manifestuje swoje działanie.

2. Eliasz otrzymał Bożą odpowiedź w postaci ognia

Ponieważ wiara Eliasza była wielka i był posłuszny tak, że Bóg uznał go za godnego, prorok mógł z odwagą mówić o zbliżającej się suszy w Izraelu.

Mógł powiedzieć Achabowi: *„Na życie Pana, Boga Izraela, któremu służę! Nie będzie w tych latach ani rosy, ani deszczu, dopóki nie powiem"* (1 Król. 17,1).

Ponieważ Bóg wiedział, że Achab będzie zagrażać życiu Eliasza, który prorokował o suszy, Bóg poprowadził proroka nad potok Kerit i powiedział mu, by pozostał tam przez jakiś czas, a kruki przynosiły mu chleb i mięso rano i wieczorem. Kiedy potok Kerit wyschnął z powodu braku deszcze, Bóg poprowadził Eliasza do Sarepty i sprawił, że wdowa podzieliła się z nim jedzeniem.

Kiedy syn wdowy zachorował, jego stan pogorszył się do tego stopnia, że chłopak umarł, Eliasz wołał do Boga w modlitwie: *„O Panie, Boże mój! Błagam cię, niech dusza tego dziecka wróci do niego!"* (1 Król. 17,21).

Bóg wysłuchał modlitwę Eliasza, przywrócił chłopca do życia i pozwolił mu żyć. Przez tę sytuację, Bóg pokazał, że Eliasz jest mężem Bożym i słowo Boże w jego ustach jest prawdą (1 Król. 17,24).

Ludzie naszego pokolenia żyją w czasach, kiedy trudno jest uwierzyć w Boga, nie widząc cudownych znaków i cudów (Jan 4,48). Aby świadczyć o żywym Bogu, każdy z nas musi uzbroić się w taką wiarę, jaką miał Eliasz i odważnie głosić ewangelię.

W trzecim roku proroctwa, które Eliasz przedstawił Achabowi: *„Nie będzie w tych latach ani rosy, ani deszczu,* *dopóki nie powiem"*, Bóg powiedział do proroka: *"Idź, ukaż się Achabowi, albowiem ześlę deszcz na ziemię"* (1 Król. 18,1). W Ew. Łuk. 4,25 czytamy: *"Naprawdę, mówię wam: Wiele wdów było w Izraelu za czasów Eliasza, kiedy niebo pozostawało zamknięte przez trzy lata i sześć miesięcy, tak że wielki głód panował w całym kraju".* Innymi słowy, w Izraelu nie było deszczu przez trzy i pół roku. Zanim Eliasz udał się do Achaba po raz drugi, król szukał proroka nadaremnie przez długi czas, nawet w sąsiednich krajach, wierząc, że to Eliasz był winny 3,5-letniej suszy.

Mimo, że Eliasz mógł zginąć, udając się przed oblicze Achaba, odważnie okazał posłuszeństwo słowu Bożemu. Kiedy Eliasz stał przed Achabem, król zapytał go: *"To ty jesteś ten dręczyciel Izraela?"* (1 Król. 18,17), na co Eliasz odrzekł: *"Nie ja dręczę Izraela, ale właśnie ty i ród twego ojca waszym porzucaniem przykazań Pańskich, a ponadto ty poszedłeś za Baalami"* (1 Król. 18,18). Przekazał królowi wolę Bożą i nie lękał się. Eliasz powiedział również do Achaba: *"Więc zaraz wydaj rozkaz, aby zgromadzić przy mnie całego Izraela na górze Karmel, a także czterystu pięćdziesięciu proroków Baala oraz czterystu proroków Aszery, stołowników Izebel"* (1 Król. 18,19).

Ponieważ Eliasz był świadomy, że susza spadła na Izraela w wyniku bałwochwalstwa, zdecydował się walczyć z 850 bałwochwalczymi prorokami i powiedział: „Bóg, który odpowiada ogniem – jest prawdziwym Bogiem". Ponieważ Eliasz wierzył w Boga, jego wiara sprawiła, że Bóg odpowiedział na jego modlitwę ogniem.

Wtedy powiedział do proroków Baala: *"Wybierzcie sobie jednego młodego cielca i zacznijcie pierwsi, bo was jest więcej. Następnie wzywajcie imienia waszego boga, ale ognia nie podkładajcie!"* (1 Król. 18,25). Kiedy prorocy Baala nie otrzymali żadnej odpowiedzi od rana do wieczora, Eliasz wyśmiewał ich.

Eliasz wierzył w Boga, który odpowiadał na modlitwy ogniem, dlatego nakazał Izraelitom zbudować ołtarz i wylać wodę na ofiarę i na drewno, a wtedy modlił się do Boga.

Wysłuchaj mnie, o Panie! Wysłuchaj, aby ten lud zrozumiał, że Ty, o Panie, jesteś Bogiem i Ty nawróciłeś ich serce (1 Król. 18,37).

W tym momencie, spadł ogień z nieba i pochłonął ofiarę, drewno, kamienie i proch oraz wodę, która była w rowie. Kiedy lud to zobaczył, padł na twarz i powiedział: *"Naprawdę Jahwe jest Bogiem! Naprawdę Pan jest Bogiem!"* (1 Król. 18,38-39).

Wszystko to było możliwe, ponieważ Eliasz nie wątpił ani na chwilę, kiedy modlił się do Boga (Jak. 1,6) oraz wierzył, że już otrzymał to, o co prosił (Mar. 11,24).

Dlaczego Eliasz poprosił, by ofiara i ołtarz zostały oblane wodą? Ponieważ susza trwała trzy i pół roku, a woda była czymś możliwie najbardziej potrzebnym w tym czasie. Napełniając cztery duże stągwie wodą i wylewając je na ofiarę trzykrotnie (1 Król. 18,33-34), Eliasz pokazał swoją wiarę w Boga i dał Mu to, co najcenniejsze. Bóg, który kocha ochotnego dawcę (2 Kor. 9,7), nie tylko pozwolił Eliaszowi zebrać to, co zasiał, ale również dał prorokowi odpowiedź w postaci ognia i udowodnił wszystkim Izraelitom, że ich Bóg jest Bogiem żywym.

Postępując tak, jak Eliasz i okazując naszą wiarę w Boga, oddajemy Mu to, co najcenniejsze i przygotowujemy się, by otrzymać odpowiedzi na nasze modlitwy. Możemy świadczyć o żywym Bogu wszystkim ludziom, otrzymując odpowiedzi na nasze modlitwy w postaci ognia.

3. Eliasz sprowadza ulewne deszcze

Po tym, jak Eliasz przedstawił Izraelowi żywego Boga poprzez ogień z nieba, który był odpowiedzią na modlitwę i sprawił, że bałwochwalczy Izraelici okazali skruchę, Eliasz przypomniał sobie przysięgę, jaką złożył Achabowi: *„Na życie Pana, Boga Izraela, któremu służę! Nie będzie w tych latach ani rosy, ani deszczu, dopóki nie powiem"* (1 Król. 17,1). Powiedział do króla: *„Idź! Jedz i pij, bo słyszę odgłos deszczu"* (1 Król. 18,41) i poszedł na szczyt Góry Karmel. Uczynił to, by wypełnić Boże słowa: *„Spuszczę deszcz na oblicze ziemi"* i otrzymać Jego odpowiedź.

Kiedy Eliasz znalazł się na Górze Karmel, skulił się i schylił głowę. Dlaczego modlił się w taki sposób? Eliasz odczuwał boleść, modląc się.

Widzimy z jak wielką gorliwością Eliasz wołał do Boga z głębi serca. Co więcej, dopóki nie ujrzał odpowiedzi Bożej na własne oczy, nie przestał się modlić. Prorok poinstruował swojego sługę, by patrzył na morze. Eliasz modlił się w tan sposób siedem razy do momentu aż sługa zauważył obłok mały jak ludzka dłoń. To wystarczyło, by zrobić wrażenie na Bogu i poruszyć Jego niebiański tron. Ponieważ Eliasz ściągnął na ziemię deszcz po trzech i pół roku suszy, możemy powiedzieć, że jego modlitwy miały wielką moc.

Kiedy Eliasz otrzymał Bożą odpowiedź w postaci ognia, uznał swoimi ustami, że Bóg będzie działał dla niego, mimo że nic nie powiedział; tak samo było w przypadku deszcze. Kiedy prorok zobaczył obłok wielkości ludzkiej dłoni, prorok kazał przekazać Achabowi: *„Zaprzęgaj i odjeżdżaj, aby cię deszcz nie zaskoczył"* (1 Król. 18,44). Ponieważ Eliasz miał wiarę, dzięki której mógł mówić o tym, czego nie widział (Hebr. 11,1), Bóg mógł działać zgodnie z wiarą proroka, dlatego niebo zaciągnęło się ciemnymi chmurami, zaczął wiać wiatr i padać deszcz (1 Król. 18,45).

Musimy wierzyć, że Bóg, który odpowiedział na modlitwy Eliasza ogniem i deszczem jest tym samym Bogiem, który kieruje próbami i cierpieniem, spełnia pragnienia naszego serca i daje swoje wspaniałe błogosławieństwa.

Myślę, że do tej pory uświadomiliście sobie, że aby otrzymać Bożą odpowiedź na modlitwę i aby On spełnił pragnienia naszego serca, musimy najpierw okazać Mu naszą wiarę, która sprawi Mu przyjemność, zniszczy mur grzechu między Nim a nami oraz prosić Go bez powątpiewania.

Po drugie, w radości musimy zbudować ołtarz przed Bogiem, oddać Mu ofiary i modlić się gorliwie. Po trzecie, zanim otrzymamy Jego odpowiedź, musimy wyznać naszymi ustami, że On działa. Bóg będzie uradowany i odpowie na nasze modlitwy, byśmy mogli oddawać Mu chwałę z całego serca.

Nasz Bóg odpowiada, kiedy modlimy się do Niego w sprawach dotyczących duszy, dzieci, zdrowia, pracy i innych kwestii. On przyjmuje nasze uwielbienie. Niech nasza wiara będzie taką wiarą, jak wiara Eliasza. Módlmy się aż otrzymamy Jego odpowiedź i stańmy się Jego dziećmi, zawsze oddającymi chwałę swojemu Ojcu!

Rozdział 7

Spełnienie pragnień naszego serca

Raduj się w Panu, a On spełni pragnienia twego serca

(Ps. 37,4).

Wielu ludzi pragnie otrzymać odpowiedzi na różne problem od wszechmocnego Boga. Modlą się gorliwie, poszczą i modlą się nocami, by otrzymać uzdrowienie, odbudować swoją firmę, urodzić dziecko lub otrzymać materialne błogosławieństwa. Niestety, większość ludzi nie może otrzymać odpowiedzi od Boga i oddać Mu chwałę.

Kiedy nie otrzymują Bożej odpowiedzi przez miesiąc lub dwa, męczą się i mówią: „Bóg nie istnieje", odwracają się od Boga i zaczynają oddawać cześć bożkom, szargając reputację Boga. Jeśli człowiek nie przychodzi do kościoła i nie oddaje chwały Bogu, jakże może mieć prawdziwą wiarę?

Jeśli ktoś wyznaje, że prawdziwie wierzy w Boga, jako Jego dziecko otrzyma to, czego pragnie i spełni się to, czego poszukuje jego serce podczas jego życia na świecie. Jednak wielu ludzi nie otrzymuje tego, co pragną, nawet jeśli twierdzą, że wierzą. Prawdą jest, że nie znają samych siebie. Fragment, na którym opiera się ten rozdział, pozwoli nam przyjrzeć się sposobom spełnienia pragnień naszego serca.

1. Po pierwsze, należy zbadać własne serce

Każdy człowiek musi spojrzeć w przeszłość i zobaczyć, czy naprawdę wierzy we wszechmocnego Boga czy tylko połowicznie i z powątpiewaniem, lub czy też jego serce jest wypełnione chytrością, gdyż szuka własnej pomyślności. Większość ludzi zanim pozna Jezusa, oddaje w swoim życiu cześć bożkom i ufa samym sobie. W czasach wielkich doświadczeń i prób, kiedy uświadamiają sobie, że wielkich problemów nie mogą rozwiązać sami ani też z pomocą swoich bożków, chodzą po świecie, dowiadują się, że Bóg może rozwiązać ich problemy i przychodzą do Niego.

Zamiast skupić swój wzrok na mocy Bożej, ludzi ci zastanawiają się pełni wątpliwości: „Czy On wysłucha mojego błagania?" lub „Cóż, być może modlitwa rozwiąże mój problem". Wszechmocny Bóg kieruje historią tego świata, ludzkim życiem, śmiercią, przekleństwem i błogosławieństwem, ożywia zmarłych i bada ludzkie serce, dlatego nie odpowiada ludziom, których serca są pełne wątpliwości (Jak. 1,6-8).

Jeśli człowiek chce spełnienia pragnień swojego serca, musi najpierw odrzucić wątpliwości i pożądliwości ze swojego serca, uwierzyć, że już otrzymał wszystko, o co prosi wszechmocnego w modlitwie. Tylko wtedy Bóg okaże swoją miłość i spełni pragnienia serca ludzkiego.

2. Po drugie, należy zbadać swoją pewność zbawienia i stan wiary

Wielu wierzących w kościele ma problemy z wiarą. Przykre jest to, jak wiele ludzi błądzi duchowo, nie widzi z powodu swojej duchowej ignorancji, że ich wiara poszła w złym kierunku, oraz jak wielu ludzi utraciło pewność zbawienia po wielu latach życia w Chrystusie i służenia Mu.

W Rzym. 10,10 czytamy: *„Bo sercem przyjęta wiara prowadzi do usprawiedliwienia, a wyznawanie jej ustami*

- do zbawienia". Kiedy otwieramy drzwi do naszego serca i przyjmujemy Jezusa jako swojego Zbawiciela, dzięki łasce Ducha Świętego, którego otrzymujemy z góry, otrzymamy władzę dzieci Bożych. Co więcej, jeśli wyznamy swoimi ustami, że Jezus Chrystus jest naszym Zbawicielem i uwierzymy z całego serca, że Bóg wzbudził Jezusa z martwych, otrzymamy pewność zbawienia.

Jeśli nie jesteś pewny, czy otrzymałeś zbawienie, problemem jest stan twojej wiary. Jeśli brakuje ci pewności, że Bóg jest twoim Ojcem i masz obywatelstwo niebiańskie jako Boże dziecko, nie będziesz żył zgodnie z wolą Bożą.

Z tego powodu Jezus mówi: *„Nie każdy, który Mi mówi: Panie, Panie!, wejdzie do królestwa niebieskiego, lecz ten, kto spełnia wolę mojego Ojca, który jest w niebie"* (Mat. 7,21). Jeśli nie uświadomiłeś sobie relacji Bóg Ojciec – syn (lub córka), nie otrzymasz Bożych odpowiedzi. Nawet jeśli jesteś świadomy tej relacji, jednak w twoim sercu jest zło w oczach Bożych, nie możesz otrzymać Jego odpowiedzi.

Dlatego, jeśli stałeś się dzieckiem Bożym, które ma pewność zbawienia i żałuje, że nie żyje zgodnie z Jego wolą, On rozwiąże twoje problemy, łącznie z chorobami, niepowodzeniem w interesach, kłopotami finansowymi i we wszystkim będzie działać ku dobremu.

Jeśli szukasz Boga z powodu problemów, jakie masz ze swoim dzieckiem, dzięki słowu prawdy, Bóg pomoże ci rozwiązać problemy i konflikty między tobą i twoim dzieckiem. Czasami, winne jest dziecko. Zanim rozpoczniemy pokazywanie palcami, jeśli rodzice odwrócą się od zła i okażą skruchę, będą starać się właściwie wychować dziecko i poświęcą to Bogu, Bóg da mądrość i będzie działać dla dobra rodziców i dziecka.

Dlatego, jeśli przychodzisz do kościoła i poszukujesz rozwiązania problemów z dzieckiem, chorobą, finansami czy innymi sprawami, zamiast pościć, modlić się i nie przesypiać nocy, musisz zbadać, czy coś nie blokuje twojego porozumienia z Bogiem, okazać skruchę i odwrócić się od zła. Bóg będzie działał ku dobremu, a ty otrzymasz prowadzenie Ducha Świętego. Jeśli nie próbujesz zrozumieć, wysłuchać słowa Bożego i żyć zgodnie z nim, twojego modlitwy nie zostaną wysłuchane.

Jest wiele przykładów, gdzie ludzie nie rozumieją prawdy i nie otrzymują Bożych odpowiedzi ani błogosławieństw, dlatego wszyscy musimy posiąść pewność zbawienia i żyć zgodnie z wolą Bożą, a wtedy spełnią się pragnienia naszych serc (Ks. Powtórzonego Prawa 28,1-14).

3. Po trzecie, nasze uczynki powinny sprawiać przyjemność Bogu

Jeśli ktoś uznaje Boga Stworzyciela i przyjmuje Jezusa Chrystusa jako swojego Zbawiciela, poznając prawdę, jego ducha będzie obfitować. Ponadto, odkrywając serce Boże, żyje w taki sposób, by być radością dla Boga. Małe dzieci nie wiedzą, jak sprawiać przyjemność rodzicom, jednak kiedy dorastają zaczynają poznawać, co jest dla nich radością. Tak samo, im bardziej dzieci Boże poznają prawdę i żyją zgodnie z nią, tym większą radość sprawiają Bogu.

Biblia ukazuje nam, w jaki sposób praojcowie wiary otrzymywali odpowiedzi na swoje modlitwy, ponieważ byli radością dla Boga. W jaki sposób Abraham sprawiał Bogu przyjemność?

Abraham żył w pokoju i świętości (Ks. Rodz. 13,9), służył Bogu z całego serca, ciała i umysłu (Ks. Rodz. 18,1-10) oraz postępował zgodnie z Jego wolą, a nie swoją (Hebr. 11,19; Ks. Rodz. 22,12), ponieważ wierzył, że Bóg ma moc wzbudzać z martwych. Abraham otrzymał błogosławieństwa Jahwe lub „Pan widzi" - błogosławieństwa w postaci dzieci, finansów, zdrowia i innych (Ks. Rodz. 22,16-18; 24,1).

Co zrobił Noe, by otrzymać Boże błogosławieństwa? Był sprawiedliwy, nienaganny wśród ludzi swojego pokolenia i chodził z Bogiem (Ks. Rodz. 6,9). Kiedy potop dotknął ziemię, Noe i jego rodzina uniknęli sądu i zostali ocaleni. Noe chodzi z Bogiem, dlatego słyszał Jego głos i przygotował arkę, ratując siebie i swoją rodzinę.

Kiedy wdowa w Sarepcie opisana w 1 Król. 17,8-16 okazała wiarę, przyjmując Eliasza w czasie 3,5-letniej suszy, otrzymała niezwykłe błogosławieństwa. Ponieważ była posłuszna i dała prorokowi chleb z resztki mąki i oliwy, jakie miała, Bóg pobłogosławił jej, mówiąc: *„Dzban mąki nie wyczerpie się i baryłka oliwy nie opróżni się aż do dnia, w którym Pan spuści deszcz na ziemię".*

Kobieta w Szunen opisana w 2 Król. 4,8-17 potraktowała Eliasza, sługę Bożego z szacunkiem i troską, dlatego otrzymała błogosławieństwa i urodziła syna. Kobieta usłużyła słudze Bożemu nie dlatego, że chciała czegoś w zamian, ale ponieważ kochała Boga z całego serca. To oczywiste, że Bóg pragnął jej błogosławić!

Bóg musiał być bardzo zadowolony z wiary Daniela i jego przyjaciół. Mimo, że Daniel został wrzucony do lwiej jamy, ponieważ modlił się do Boga, wyszedł z niej bez szwanku, ponieważ zaufał swojemu Bogu (Dan. 6,16-23). Mimo, że trzej przyjaciele Daniela zostali wrzuceni do pieca za to, że nie oddali pokłonu posągowi, oddali chwałę Bogu, wychodząc z pieca bez żadnych uszkodzeń (Dan. 3,19-26).

Setnik pisany w Ew. Mateusza 8 sprawił przyjemność Bogu swoją wielką wiarą i dzięki tej wierze, Bóg wysłuchał jego modlitwy. Kiedy setnik powiedział Jezusowi, że jego sługa jest sparaliżowany i bardzo cierpi, Jezus zaproponował, że przyjdzie do jego domu i uzdrowi sługę. Jednak setnik rzekł: „Po prostu powiedz słowo, a sługa mój zostanie uzdrowiony", ukazując wielką wiarę i miłość do swojego sługi. Jezus odrzekł: „Tak wielkiej wiary nawet w Izraelu nie znalazłem". Ponieważ otrzymujemy odpowiedzi od Boga zgodnie z naszą wiarą, sługa setnika został natychmiast uzdrowiony. Alleluja!

Takich przykładów jest więcej. W Ew. Marka 5,25-34 czytamy o kobiecie, która cierpiała z powodu krwotoku przez 12 lat. Mimo, że konsultowała się z wieloma lekarzami i wydała mnóstwo pieniędzy, jej stan się pogarszał. Kiedy usłyszała o Jezusie, uwierzyła, że może zostać uzdrowiona i dotknęła się Jego szaty. I rzeczywiście, kiedy do Niego podeszła i dotknęła Jego szaty, została natychmiast uzdrowiona.

Jakie było serce setnika o imieniu Kornelisz opisanego w Dz. Ap. 10,1-8, i w jaki sposób on, poganin, służył Boga tak, że cała jego rodzina otrzymała zbawienia? Dowiadujemy się, że Korneliusz i jego rodzina byli ludzi poświęconymi i bojącymi się Boga; Korneliusz pomagał ludziom w potrzebie i regularnie się modlił. Dlatego Bóg posłał do niego Piotra, by odwiedził jego dom na chwałę Bożą, a wszyscy w rodzinie Korneliusza otrzymali Ducha Świętego i zaczęli mówić językami.

W Dz. Ap. 9,36-42 czytamy o kobiecie o imieniu Tabita (Dorkas), która czyniła dobro i pomagała ubogim, jednak któregoś dnia zachowała i umarła. Kiedy Piotr przyszedł do jej domu, upadł na kolana i modlił się, Tabita została przywrócona do życia.

Kiedy dzieci Boże pełnią swoje obowiązki i sprawiają przyjemność swojemu Ojcu, żywy Bóg spełnia pragnienia ich serca i we wszystkim działa ku dobremu. Kiedy naprawdę w to wierzymy, Bóg będzie wysłuchiwał naszych modlitw.

W rozmowach dowiaduję się o ludziach, którzy mieli niegdyś wielką wiarę, służyli kościołowi i byli wierni, jednak opuścili Boga po okresie próby i cierpienia. Za każdym razem, jest mi ogromnie przykro, że ludzie nie potrafią dokonać duchowego rozróżnienia.

Gdyby ludzie mieli prawdziwą wiarę, nie porzuciliby Boga pomimo trudności. Jeśli mieliby duchową wiarę, byłyby radości, wdzięczni i modlili się w czasie próby i cierpienia. Nie zdradziliby Boga, nie byliby kuszeni ani nie utraciliby swojej pewności w Nim. Czasami ludzi mogą być wierni w nadziei na otrzymanie błogosławieństw lub uznanie ze strony innych. Jednak modlitwa wiary i modlitwa nadziei na powodzenie bardzo się od siebie różnią i łatwo je rozpoznać, patrząc na rezultaty. Jeśli ktoś modli się w duchowej wierze, jego modlitwie towarzyszą uczynki, które są radością dla Boga. Taki człowiek oddaje chwałę Bogu, a pragnienia jego serca spełniają się.

Dzięki Biblii poznaliśmy, w jaki sposób praojcowie wiary okazywali swoją wiarę Bogu i jakie serce było dla Boga przyjemnością tak, że spełniał wszelkie pragnienia w nim ukryte. Ponieważ zgodnie z obietnicą, Bóg błogosławi wszystkim, którzy są dla Niego źródłem radości – jak Tabita, która została przywrócona do życia, bezdzietna kobieta, która urodziła dziecko, czy kobieta uwolniona od krwotoku – uwierzmy i zwróćmy swój wzrok na Niego.

Bóg mówi: „Wszystko jest możliwe dla wierzącego" (Mar. 9,23). Kiedy wierzymy, że On może rozwiązać nasze problemy, w pełni poświęćmy Mu wszystkie sprawy związane z wiarą, chorobami, dziećmi czy finansami i polegajmy na Nim, a On z pewnością zajmie się tym wszystkim dla nas (Ps. 37,5).

Sprawiając przyjemność Bogu, który nie kłamie, lecz realizuje wszystko, co obiecał, niech pragnienia serca każdego z nas spełnią się, byśmy mogli oddać chwałę Bogu i prowadzić błogosławione życie w imieniu Jezusa Chrystusa!

O autorze:
Dr. Jaerock Lee

Dr Jaerock Lee urodził się w 1943 roku w Korei, w prowincji Jeonnam w mieście Muan. W wieku dwudziestu lat dowiedział się, że jest nieuleczalnie chory i odtąd przez siedem lat oczekiwał śmierci bez żadnej nadziei na wyzdrowienie. Jednak wiosną 1974 roku siostra zaprowadziła go do kościoła. Kiedy ukląkł do modlitwy, Bóg uzdrowił go ze wszystkich dolegliwości.

Od momentu spotkania z Bogiem dr Lee pokochał Go ze szczerego serca, aby w 1978 roku stać się Jego sługą. Posłuszny Słowu Bożemu modlił się żarliwie, aby zrozumieć i móc spełniać wolę Boga. W 1982 roku w założonym przez niego kościele Manmin w Seulu w Południowej Korei miały miejsce niezliczone dzieła Boże, w tym uzdrowienia i cuda.

W 1986 roku podczas dorocznego zgromadzenia Kościoła „Jesus' Sungkyul Church" dr Lee został wyświęcony na pastora. Cztery lata później w 1990 roku stacje Far East Broadcasting Company, Asia Broadcast Station oraz Washington Christian Radio System transmitowały jego kazania do Australii, Stanów Zjednoczonych, Rosji oraz na Filipiny.

Trzy lata później w 1993 roku amerykański magazyn Christian World zaliczył kościół Manmin Central Church do światowej czołówki 50 najlepszych kościołów na świecie, natomiast pastor Jaerock Lee otrzymał od amerykańskiej uczelni na Florydzie Christian Faith College tytuł honoris causa teologii (Honorary Doctorate of Divinity) oraz w 1996 roku doktorat z kapłaństwa od seminarium duchownego Kingsway Theological Seminary, Iowa, USA.

Od 1993 dr Lee głosi ewangelię podczas podróży misyjnych w wielu miejscach i krajach: Tanzanii, Argentynie, Los Angeles, Baltimore, Hawaje, Nowy Jork, Uganda, Japonia, Pakistan, Kenia, Filipiny, Honduras, Indie, Rosja, Niemcy, Peru, Kongo, Izrael i Estonia.

W 2002 roku został wybrany przez chrześcijańską gazetę w Korei jako światowy głosiciel odnowy religijnej ze względu na potężne misje, które organizuje. Szczególną uwagę zwróciła jego misja przeprowadzona w Nowym Jorku w 2006 na Madison Square Garden, najsłynniejszej arenie na świecie. Wydarzenie było transmitowane do 220 krajów, oraz Misja w Izraelu w 2009 roku, która odbyła się w International Convention center (ICC) w Jerozolimie, podczas której odważnie ogłosił, że Jezus Chrystus jest Mesjaszem i Zbawicielem.

Jego kazania są transmitowane do 176 nacji przy uzyciu satelity, łącznie z GCN TV. Został uznany za jednego z „10 najbardziej wpływowych przywódców chrześijańskich" 2009 i 2010 roku przez popularny rosyjski magazyn chrześcijański „W zwycięstwie" i agencję prasową Christian Telegraph za służbę telewizyjną i międzynarodową służbę pastorską.

Od maja 2013 Kościół Centralny Manmin zgromadza ponad 120 000 członków. Ma 10 000 kościołów na całym świecie – 56 kościołów lokalnych, oraz 129 misji w 23 krajach, łączni z USA, Rosją, Niemcami, Kanadą, Japonią, Chinami, Francją, Indiami, Kenią i wieloma innymi.

Na ten moment, dr Lee napisał 85 książek, łącznie z bestsellerami „Tasting Eternal Life before Death" „Moje życie, Moja Wiara" I i II, „Poselstwo krzyża", „Miara wiary"", „Niebo" I i II, „Piekło", „Obudź się Izraelu!" oraz „Moc Boża". Jego prace zostały przetłumaczone na 75 języków.

Jego artykuły chrześcijańskie publikowane są w The Hankook Ilbo, The JoongAng Daily, The Chosun Ilbo, The Dong-A Ilbo, The Munhwa Ilbo, The Seoul Shinmun, The Kyunghyang Shinmun, The Korea Economic Daily, The Korea Herald, The Shisa News, oraz The Christian Press.

Dr Lee jest obecnie przywódcą wielu organizacji misyjnych i stowarzyszeń: przewodniczącym kościoła United Holiness Church of Jesus Christ, prezesem misji Manmin World Mission, prezesem stowarzyszenia World Christianity Revival Mission Association, założycielem i prezesem zarządu Global Christian Network (GCN), założycielem i prezesem zarządu World Christian Doctors Network (WCDN), założycielem i prezesem zarządu seminarium Manmin International Seminary (MIS).

Inne książki autora

Niebo I & II

Szczegółowy opis wspaniałego życia, które jest udziałem mieszkańców nieba, cieszących się pięknem królestwa niebieskiego.

Przesłanie Krzyża

Potężne przesłanie pobudzające do myślenia dla ludzi, którzy są w duchowym śnie! W niniejszej książce znajdziesz powód, dla którego tylko Jezus jest Zbawicielem oraz odczujesz prawdziwą miłość Bożą.

Piekło

Przesłanie dla człowieka od Boga, który pragnie wyratować każdą duszę z głębi piekła! W tej książce odkryjesz nigdy wcześniej nie opisywaną okrutną rzeczywistość piekła.

Duch, Dusza i Ciało I & II

Przewodnik, który daje duchowe zrozumienie ducha, duszy i ciała oraz pomaga dowiedzieć się więcej o naszym „ja", abyśmy zyskali dość siły, by pokonać ciemność i stać się ludźmi ducha.

Miara Wiary

Jakie schronienie, korona i nagrody czekają na Ciebie w niebie? Niniejsza książka da Ci możliwość, abyś z mądrością i wskazówkami Bożymi sprawdził swoją wiarę, aby następnie zbudować wiarę lepszą i dojrzalszą.

Wzbudzony Izrael

Dlaczego Bóg trzyma pieczę nad Izraelem od początku świata aż do dnia dzisiejszego? Jakie przeznaczenie jest przygotowane dla Izraela w ostatnich dniach oczekiwania na Mesjasza?

Moje Życie, Moja Wiara I & II

Niezwykły aromat życia duchowego wydobyty dzięki osobie, której życie rozkwitło w otoczeniu nieograniczonej miłości do Boga, pomimo ciążącego jarzma, ciemności i rozpaczy.

Moc Boża

Książka, którą musisz przeczytać, ponieważ dostarcza istotnych wskazówek, dzięki którym można posiąść prawdziwą wiarę oraz doświadczyć niesamowitej mocy Boga.

www.urimbooks.com

www.ingramcontent.com/pod-product-compliance
Lightning Source LLC
LaVergne TN
LVHW051957060526
838201LV00059B/3687